本书受北京市重点建设马克思主义学院工作经费资助出版

光明社科文库
GUANGMING DAILY PRESS:
A SOCIAL SCIENCE SERIES

·经济与管理书系·

当代发达资本主义剩余价值再分配研究

吴　俊｜著

光明日报出版社

图书在版编目（CIP）数据

当代发达资本主义剩余价值再分配研究 / 吴俊著
. -- 北京：光明日报出版社，2023. 12
ISBN 978 - 7 - 5194 - 7652 - 6

Ⅰ. ①当… Ⅱ. ①吴… Ⅲ. ①资本主义经济—剩余价
值—再分配—研究 Ⅳ. ①F032. 2

中国国家版本馆 CIP 数据核字（2023）第 250062 号

当代发达资本主义剩余价值再分配研究
DANGDAI FADA ZIBEN ZHUYI SHENGYU JIAZHI ZAIFENPEI YANJIU

著　者：吴　俊

责任编辑：杜春荣　　　　　　　责任校对：房　蓉　李海慧
封面设计：中联华文　　　　　　责任印制：曹　净

出版发行：光明日报出版社

地　　址：北京市西城区永安路 106 号，100050

电　　话：010-63169890（咨询），010-63131930（邮购）

传　　真：010-63131930

网　　址：http://book. gmw. cn

E - mail：gmrbcbs@ gmw. cn

法律顾问：北京市兰台律师事务所龚柳方律师

印　　刷：三河市华东印刷有限公司

装　　订：三河市华东印刷有限公司

本书如有破损、缺页、装订错误，请与本社联系调换，电话：010-63131930

开　　本：170mm×240mm

字　　数：152 千字　　　　　　印　　张：11.5

版　　次：2024 年 4 月第 1 版　　印　　次：2024 年 4 月第 1 次印刷

书　　号：ISBN 978 - 7 - 5194 - 7652 - 6

定　　价：85.00 元

目 录
CONTENTS

第一章

导　论

第一节　研究背景及意义

一、研究背景

自 2008 年美国次贷危机爆发以来，欧洲各国为应对国际经济危机而频繁发行债券，由此造成了严重的财政赤字，促使部分国家利用国家主权作为担保向外借债，引发了一系列的主权债务违约事件，并逐步升级为主权信用危机。主权信用危机的多米诺骨牌效应始于经济脆弱的冰岛，进而扩散到希腊、爱尔兰、葡萄牙和西班牙等欧洲国家。同时经济危机导致了美国的财政赤字大幅上升，国债纪录屡创新高，由此引发提高政府债务上限的争论。直至 2011 年 8 月 2 日美国众议院才通过了关于提高本国债务上限和削减赤字的法案，5 日国际评级机构标准普尔又将美国长期主权信用评级由"3A"级降至"AA+"，从而引发市场恐慌。发达资本主义国家严重的债务危机对国家财政等问题做出了警示。

二、研究意义

马克思在《资本论》中"以英国作为例证",通过对剩余价值的分析揭示了资本主义生产关系的本质。从一定意义上来说,《资本论》也是一部关于剩余价值理论的著作。《资本论》三卷从抽象到具体,系统地论述了剩余价值的生产、实现和分配的总过程。而"第三卷所阐释的就是剩余价值的分配规律",即剩余价值怎么转化为各种不同形式,以及在各种不同的剥削集团之间的分配。其中,转化为赋税形式的剩余价值就构成了剩余价值再分配的收入基础。但是,马克思在《资本论》中所揭示的还只是剩余价值的分配规律,对剩余价值的再分配问题还未展开研究。

关于剩余价值的再分配关系,马克思在《政治经济学批判》"导言"中,将与其相关的范畴"税、国债、公共信用"等归纳为"资产阶级社会在国家形式上的概括"。按照这样的逻辑来理解,剩余价值的再分配就界定为国家财政的部分职能。因此,国家理论就成了剩余价值再分配研究的前提和基础。而尽管国家理论也是马克思未竟的事业,但马克思主义学者对马克思主义国家理论的继承和发展,已经取得了一定的研究成果。因此,本书的首要研究目的是在剩余价值的分配理论和马克思主义国家理论的基础上,尝试构建马克思主义剩余价值再分配的理论基础。

剩余价值的再分配本质上是国家财政再分配的组成部分。从目前的研究来看,国内外学者更多的是以财政为对象来展开研究的。对财政的性质而言,西方主流财政理论多是基于市场失灵、提供公共产品等技术关系的研究，而非经济关系和社会关系的研究，更多地强调财政的公共性质。本书对剩余价值再分配的研究以资本主义制度为前提，最终要反映资本主义财政的二重性，即阶级性和公共性，从而揭示西方公共财政理论的片面性和局限性。

就现实而言，欧美等发达资本主义国家自 2008 年金融危机爆发以来，为应对危机而频繁发行债券，由此造成了严重的财政赤字。以美国为例，屡创纪录的国债更是引发了关于提高政府债务上限的争论。尽管美国众议院最后通过了关于提高本国债务上限和削减赤字的法案，但是之后美国长期主权信用评级的下调还是引起了市场恐慌。以美国为代表的当代发达资本主义国家的严重赤字和债务危机也要求我们在理论上对此做出总结。

基于以上理论和现实的思考，本书的主要研究目的是，在马克思剩余价值的分配理论和马克思主义国家理论的基础上，以剩余价值再分配为研究对象，在时间上以自由竞争资本主义为起点，在空间上以美国为重点，对资本主义剩余价值再分配展开具体的研究，从而进一步丰富马克思主义的剩余价值再分配理论和财政理论，把资本主义国家财政的本质与剩余价值再分配理论结合起来，从而使经典马克思主义关于财政的理论有所发展。本书的研究坚持以马克思主义方法论为指导，具体表现在：第一，始终坚持历史唯物主义的基本原理，从生产关系、经济基础与上层建筑的相互作用中，研究当代发达资本主义国家的剩余价值再分配；第二，始终坚持贯彻唯物辩证法的方法论，将当代发达资本主义国家的剩余价值再分配的逻辑和历史统一起来，透过现象和事实把握剩余价值再分配的本质。

第二节　国内外研究现状

本书所研究的剩余价值再分配是国家财政职能的部分体现，国内外学者多数是以财政为对象而展开研究。相关的研究可以归纳为国家、以国家为主体的财政以及国家财政危机等方面。

一、国家与财政的关系

从马克思主义政治经济学的角度来看，财政和国家是相互依存的关系，即财政是国家得以存在的物质基础，国家是财政分配关系的主体。那么，关于国家本质的理论就构成了财政学的基础。

马克思在其有生之年提出了囊括赋税、公债等内容的"六册计划""国家"篇，尽管未形成完整的论述体系，但从阶级角度深刻地揭示了国家的本质。他认为："国家是社会发展到一定阶段的产物；国家是社会陷于自身不可解决的矛盾中并分裂为不可调和的对立方面而又无力摆脱这种对立情势的表现。"[1] 而此处的"不可调和的对立方面"是指"经济利益冲突的阶级"，而国家正是为解决或缓和阶级冲突的必需力量和产物。既然国家是阶级斗争和冲突的产物，那么在经济生活中占主导地位的阶级要利用国家，进一步在政治方面体现为统治阶级。他们由此视国家为镇压和剥削被统治阶级

---

[1]　中共中央马克思恩格斯列宁斯大林著作编译局. 马克思恩格斯文集：第 2 卷 [M]. 北京：人民出版社，1963：316.

的工具。在此基础上，马克思进一步提出了国家职能的二重性，即一方面执行公共事务职能，另一方面执行各种"特殊职能"。

（1）国外研究

继马克思之后的西方马克思主义学者针对资本主义国家发展出现的新现象和情况，展开了对国家的进一步研究和概括。这些研究集中在 20 世纪第二次世界大战之后，原因是现代资本主义发生了一个重要的转折，即从私人垄断资本主义向国家垄断资本主义的过渡。国家垄断资本主义的形成和发展使得国家在经济、政治和社会等方面的作用得到了强化。对国家的探讨还有一个重要的现实原因是苏联社会经济出现的问题。其中最主要的是普兰查斯与米利班德之争，为马克思主义国家理论的当代发展做出了重要的贡献。

米利班德（Ed Miliband，1984）因为继承了马克思关于国家是阶级统治的工具理论，成为"工具主义"的代表人物。他指出，"国家是附着在资本主义生产方式上面的""国家的性质是由生产方式的性质和要求决定的"。也就是说，现代资本主义国家仍然是资产阶级占统治地位的国家，必然要为资产阶级的利益服务。与之针锋相对的普兰查斯（Nicos Poulantzas，1982）否定，国家不是统治阶级的简单工具，而是各种阶级关系的集合体，因此国家本身充满了阶级矛盾和阶级斗争，而国家职能的发挥是通过阶级斗争来完成的。

继普米之争后，法兰克福学派的哈贝马斯（Jürgen Habermas，1976）打破了单一经济决定论的资本主义社会结构分析。他认为，国家干预职能的加强，实际上强化了国家作为"总资本家"的职能，而这种干预的结果是国家、经济和社会之间边界的模糊化，从而导致了资本主义在经济、政治和文化领域中出现新危机。其中，文化领域中的意识形态危机更是国家职能扩张的结果。当然，以上都是资本主义发展到一定程度才会出现的，即哈贝马斯所界定的"晚期资本主义"的新特点。

奥菲（Orfen，1984）侧重从国家职能和危机的关系出发，强调国家职能和政策的根本目的是维护资本主义发展。奥菲通过分析福利国家的矛盾，提出了"奥菲悖论"："尽管资本主义国家不能与福利国家共存，然而资本主义又不能没有福利国家。"① 也就是说，福利国家是资本主义国家保障资本积累不可缺少的条件，但由于它对资本主义的破坏性，导致其与资本主义产生了矛盾。

而英国学者杰索普（Jessop，1982）的国家理论更多地带有结构主义的特点，他认为国家是一系列制度的集合体，为社会各阶级和阶层的人提供了选择和斗争的平台。在这个平台上，他们各自根据自己的判断做出有利的战略选择。

以上西方马克思主义学者对马克思主义国家理论的继承与发展表明，现代资本主义的新发展和新现象需要从理论上做出概括和解释，例如，国家与资本积累的关系，国家与意识形态危机，等等。资本主义不再是"单向度"的，而是一个复杂的整体，因此，需要从系统的结构和功能角度全方位把握和研究。

---

① 奥菲. 福利国家的矛盾［M］. 郭忠华，译. 长春：吉林人民出版社，2006：22.

（2）国内研究

国内学者对马克思主义国家理论的研究集中在两个群体：一是汤在新主编的《资本论》续篇探索，关于马克思计划写的六册经济学著作；二是以许兴亚为代表的一批学者。

汤在新等（1995）的成果主要是在马克思提出的基本观点基础上，初步梳理了国家理论。他们首先在马克思宏伟的"六册计划"中确定了"国家"篇的重要地位，其次以"资产阶级社会在国家形式上的概括"为起点，界定了国家"作为资本存在条件的创造者"，指出了现代资本主义大工业的发展必然会促进国家职能朝着"似乎"矛盾的两方面发展，即"公共权力"机构和"积极专制"机器。在分析了国家职能的二重性后，他们又分析了国家经济职能的二重性。国家经济职能的二重性是由国家职能的二重性决定和派生的。尤其在当代发达资本主义国家中，国家对经济的干预、调节和管理的作用越来越显著，但这些职能依然与资本再生产紧密联系在一起，这是由国家的资本主义性质所决定的。

许兴亚等（2003）在总结马克思对国家的相关论述后，进一步分析了国家财政职能的具体表现：税收、公债、信用等。无论表现形式如何，资本主义国家的财政职能的二重性本质——阶级性和公共性，依然不会改变。

二、以国家为主体的财政和国家财政危机理论

（1）国内研究

20 世纪 50~90 年代，国内学者立足于马克思主义国家理论，展

7

开了国家财政理论的探索和研究，为创建马克思主义财政学奠定了基础。

20世纪80年代，中国人民大学和上海财经学院等研究单位以资本主义财政为研究对象，通过对资本主义财政的演变历史、运行机制等的分析，明确指出资本主义财政是以国家为主体，以资本主义生产方式为基础的分配关系。而财政的分配关系从本质上都是有利于资产阶级的。不论资本主义国家采取何种形式占有国民收入，财政收入都体现国家这个"总资本家"对劳动者创造的剩余价值的剥削和占有。从支出的角度看，财政都是直接或间接为统治阶级谋利益。尽管资本主义财政属于特殊制度的财政，但是它为揭示阶级社会财政的本质提供了现实支撑。

之后，邓子基（1990）对马克思恩格斯的财政思想做了系统性的研究。他首先以马克思恩格斯对国家与财政的论述为基础，总结国家和财政相互依存的辩证关系，即财政是国家存在的物质基础，而国家是财政分配关系的主体。进一步地，他指出资本主义财政在本质上是外在于生产的，它是剩余价值初次分配以后，对剩余价值的再分配。通过分析资本主义公债、税收和国家信用等，说明资本主义财政无法摆脱资本主义制度的限制。因此，人类进入阶级社会后的国家财政的首要特征就是阶级性。

20世纪90年代以后，国内在引进西方公共财政理论后，掀起了学习和研究公共财政的高潮。但"公共财政论"中重点强调财政的公共性，这种失之偏颇的理论引起了一些学者的反思。他们指出了"国家财政论"和"公共财政论"的本质区别，重新提出要建立以国家为主体的马克思主义财政学。

张馨（1997）指出西方财政学从政府收支转向公共经济，其依据是政府职能作为市场失灵的补充者角色的转化。也就是说，政府参与资源配置的目的是解决自由市场的"囚徒困境"。因此，西方公共财政的理论体系完全是建立在西方市场经济之上的，是一门具有鲜明的市场经济性的经济学科。而这种研究与我国财政学研究所主张的"财政与国家具有本质联系"是完全不同的。

邓子基（2002）分析了"国家分配论"和"公共财政论"两个概念的内涵，并对之进行比较，认为这两个理论的区别在于如何从本质上认识财政、理论基础、所有制前提、财政要素、职能及收支等几个方面。

高培勇（2003）指出，公共财政和国家财政的不同不单是"定语"的调整，还体现在内涵方面。公共财政这个概念由于其理论前提和基础抹杀了"阶级"，此概念在过去是用来区分财政是姓社还是姓资的问题。伴随市场化改革建立起来的财政理论，呈现出的是"取众人之财，办众人之事"的状况，也就是通过纳税方式取自民众的收入，用来生产或购买公共品，当然这些公共品与百姓的生活是息息相关的。但同时，在阶级没有消除的社会中，财政丧失了阶级斗争工具的意义。

（2）国外研究

国外对国家财政的研究集中体现在 20 世纪 80 年代的苏联学者以及批判财政技术化的财政社会学派。

苏联包德列夫（Baudelev）等同中国 20 世纪 80 年代的学者类

似，以资本主义制度下的国家财政为研究对象。他们不仅研究资本主义国内的财政，而且还涉猎了国家财政的国家性质，专门探讨国与国间的金融往来和第二次世界大战后世界各种国家集团，如联合国、欧洲共同体等国际组织间的财政，指出发达资本主义国家利用国际组织的财政为国内垄断组织的利益服务，深刻地揭示了西方主导下的国际组织与资本的密切联系。

20世纪以后，随着学科的分化，财政逐渐成为一门技术性的学科，其理论几乎是建立在既定的经济学等理论之上，而且忽略了财政与社会经济结构之间的关系。为了批判财政学技术化倾向，熊彼特（Joseph Alois Schumpeter）、葛德雪（Rudolf Goldscheid）等人创建了财政社会学。熊彼特（1918）重视国家和财政的关系，指出人们通过对财政史的研究可以"洞悉社会存在和社会变化的规律，洞悉国家命运的推动力量……从国家财政入手的这种研究方法，在用于研究社会发展的转折点时，效果尤为显著……在社会转折时期，现存的形式相继陨灭，转变为新的形式。社会的转折点总是包含着原有的财政政策的危机……"葛德雪（1925）以"税务国家"为研究对象，依靠阶级分析法来分析财政的剥削性以及政府债务和财政危机对社会产生的影响。其中，财政危机实际上是资本主义危机在财政方面的表现而已。如何解决财政危机？面对这个问题，葛德雪认为经过工人阶级的努力，建设一个财富国家或国家资本主义来推翻资产阶级，从而使国家取得的财政收入用于经济目的，并使剩余价值按照社会利益进行分配。

在葛德雪和熊彼特之后，财政社会学经历短暂的发展就走向了低谷，沉寂了将近半个世纪，直到 20 世纪 70 年代才因奥康纳（Mary Flannery O'Conner）等人的著作而重新兴起。奥康纳（1973）提出了非生产性的社会支出，认为发达资本主义国家的税收体系中应该将垄断资本导致的非生产性的国家支出区分出来。因为垄断资本和财政公共支出同时上涨、剩余价值归私人所有和社会支出由全社会来承担的矛盾，都是造成发达资本主义国家财政危机的重要原因。进一步地，克服发达资本主义国家与生俱来、不可调和的矛盾，需要用建立社会产业综合体的方式来克服，即用社会主义的体制代替发达资本主义。

通过以上的综述，我们可以看出国内外学者承认财政既具备公共性质，还具有不可超越的阶级特征。

第三节　研究对象及范围界定

本书以剩余价值再分配为研究对象，由于剩余价值再分配问题研究专著众多，为了集中研究核心问题及避免不必要的误解，这里先对本书的研究对象和研究范围进行界定：

（1）本书要研究的剩余价值再分配构成了国民收入再分配的一部分，是以国家为主体的财政职能的体现。

（2）本书所研究的剩余价值再分配，主要是从政治经济学的角度去分析。其中要运用到马克思的剩余价值理论及国家理论。

（3）本书对剩余价值再分配的研究，在时间上以自由竞争资本主义为起点，在空间上以美国为重点，不探讨世界上所有资本主义国家的剩余价值再分配。

第四节　结构安排与研究方法

一、结构安排

本书由第一章导论、第二至第四章和结论性的第五章三部分组成，主要内容和结构安排如下：

第一章　导论

内容包括研究背景及意义、国内外研究现状、研究对象和范围的界定、结构安排与研究方法以及创新之处与不足。

第二章　马克思主义的剩余价值分配与再分配理论

首先，概括了马克思及马克思主义国家理论，为构建马克思的剩余价值再分配理论提供理论基础；其次，分析了剩余价值的分配理论、《资本论》与马克思"六册计划"的关系，确定"六册计划"的"国家"篇是剩余价值再分配理论的前提；最后，构建马克思关于剩余价值再分配的理论基础，包括对再分配的剩余价值来源、剩余价值再分配的收入和支出原则。

第三章　美国国家剩余价值再分配的历史演变

以解决资本主义危机为目的的国家预算从平衡向赤字的过渡发展及其二者的争论为主线，将美国国家剩余价值再分配的历史演变分为三个阶段来论述，即第二次世界大战及战争期间的国家剩余价值再分配，第二次世界大战后到 20 世纪 70 年代的国家剩余价值再分配和 20 世纪 70 年代以后的国家剩余价值再分配。

第四章 美国国家剩余价值再分配的横向分析

本章分为两部分，从支出和收入两个角度来分析美国国家剩余价值的再分配。剩余价值再分配收入部分重点分析了税收和国债两大重要来源。而剩余价值再分配支出方面，侧重从结构、发展趋势以及增长极方面展开。接着剩余价值再分配支出中的资本关系着重分析了垄断资本对预算的控制、国防支出和资本积累、超级军费支出和严重赤字危机的关系，以此来论证剩余价值再分配支出在保证社会总资本再生产方面的作用。而社会福利制度在说明剩余价值再分配提供社会公共服务职能的同时，无法摆脱资本主义制度的烙印，表现为福利支出膨胀和福利体系衰退的矛盾。

第五章 关于当代发达资本主义国家剩余价值再分配的争论

以美国为代表的当代发达资本主义国家在削减赤字和加强政府干预之间展开了激烈争论，即紧缩性政策和扩张性政策。但资本主义国家的紧缩性和扩张性循环政策表明了剩余价值再分配"幻觉"的产生，而国家剩余价值再分配"幻觉"不可避免的结果是国家财政危机。

二、研究方法

1. 逻辑与历史相统一的研究方法。首先关于剩余价值再分配的理论涵盖于资本主义经济理论中，资本主义自身就是不断发展、不断变革的。本书要把当代资本主义国家剩余价值再分配的演变过程置于资本主义经济发展的大背景下来考察。对资本主义发展各个不同时期的剩余价值再分配置于不同历史时期纵向研究中，分析发达资本主义国家剩余价值再分配的二重性。

2. 经验分析方法。本书将采用丰富的历史资料和翔实的数据，展现当代美国国家剩余价值再分配的机制，基于这些来研究和分析剩余价值再分配的本质。

第五节　创新之处与存在不足

1. 本书在马克思剩余价值分配理论的基础上，试图构建马克思主义剩余价值的再分配理论，这将会运用马克思剩余价值的分配理论以及马克思主义国家理论。

2. 本书研究的剩余价值再分配，与马克思在《资本论》中所研究的剩余价值的分配问题是不同的。因此，对于当代发达资本主义国家的剩余价值再分配研究是对马克思剩余价值分配理论的丰富和扩展。

3. 当代主流经济学的财政研究多是基于市场失灵、提供公共产品等技术关系的研究，而非经济关系和社会关系的研究。本书所研究的剩余价值再分配以资本主义制度为前提，剩余价值再分配研究最终反映资本主义财政的二重性特征——公共性和阶级性，同时揭示了西方公共财政理论的局限性和片面性。

4. 本书的不足之处体现在：第一，研究范围局限在美国，没有将欧洲等发达资本主义国家纳入研究范围，因此缺少横向方面的比较；第二，对美国剩余价值再分配的研究，仅做了结构和趋势的分析，还未达到定量的研究。这都是后来人需要进一步研究的重要问题。

第二章

马克思主义的剩余价值分配与再分配理论

第一节　马克思及马克思主义的国家学说

国家财政确立了国家的主体地位，因此，国家理论就成为构建马克思主义剩余价值再分配理论的基础。本节将全面梳理马克思关于国家的论述，概括国家的本质、职能，以及之后的马克思主义学者对国家理论的继承与发展。

一、马克思的国家学说

国家学说是马克思政治经济学体系的重要分支之一，但它是马克思未竟的事业。马克思对国家的相关论述散见于其著作中，因此，我们需要按照逻辑和历史统一的方法来系统归纳马克思的国家学说。

马克思对国家的认识经历了一个历史过程。他的经济理论的形成就始于对资产阶级的法哲学和国家哲学的批判。1843 年，《黑格尔法哲学批判》通过批判黑格尔的思辨思维，这种脱离现实的思考结果是将家庭、市民社会同国家的关系颠倒，指出它们之间"现实的关系"应该是"家庭和市民社会都是国家的前提，它们才是真正活动着的"①。在此基础之上，对黑格尔的命题做出了"合理的"解释："家庭和市民社会是国家的构成部分。国家材料是'通过情况、任意和本身使命的亲自选择'而分配给它们的。国家公民是家庭的成员和市民社会的成员……家庭和市民社会是国家的现实的构成部分，是意志的现实的精神存在，它们是国家的存在方式。家庭和市民社会使自身成为国家。它们是动力。"② 最后得出结论，国家并非"现实的观念"③ 的产物，而是"从作为家庭的成员和市民社会的成员而存在的这种群体产生的"④。

1844 年，马克思的研究中心从哲学逐步转向经济学，集中体现在《1844 年经济学哲学手稿》中。在这部著作中，他明确提出了"国民经济学同国家、法、道德、市民生活等等的关系"，不过只限于政治经济学所涉及的范围。同年年底，马克思中断了《1844 年经济学哲学手稿》的写作后，曾拟订了一份关于国家理论的写作计划提纲。这份提纲表明他打算从国家制度和国家的经济形式及其职能问题两方面展开研究，具体内容囊括了"现代国家起源的历史"

---

① 中共中央马克思恩格斯列宁斯大林著作编译局. 马克思恩格斯全集：第 3 卷 ［M］. 2 版. 北京：人民出版社，2002：10.

② 中共中央马克思恩格斯列宁斯大林著作编译局. 马克思恩格斯全集：第 3 卷 ［M］. 2 版. 北京：人民出版社，2002：11.

③ "现实的观念"即绝对精神。黑格尔哲学体系中，绝对精神是哲学的本体论，万事万物都是由绝对观念通过正反合的方式演化出来的，由此得出的结论和马克思的历史唯物主义恰好相反。

④ 中共中央马克思恩格斯列宁斯大林著作编译局. 马克思恩格斯全集：第 3 卷 ［M］. 2 版. 北京：人民出版社，2002：12.

"国家和市民社会"等①。

1845 年，马克思在《德意志意识形态》中指出了"国家的现实基础"，以及私有制条件下的国家作为"公共利益"的代表者不过是一种表面形式而已，进而揭示了国家的经济职能和形式。在1857—1858 年制订的"五篇计划"中，马克思认为国家篇应该包括：1. "资产阶级社会在国家形式上的概括。就它本身来考察。'非生产'阶级。税。国债。公共信用。人口。殖民地。向外国移民。"② 2. "国家和资产阶级社会。——赋税，或非生产阶级的存在。——国债。——人口。"③

由此可以看出，马克思认为国家的本质是"资产阶级社会在国家形式上的概括"。这个论述包括两层含义：第一，作为最一般意义的国家是指某一国的社会经济关系或"物质生产关系的总和"在国家形式上的概括。任何一国的经济，尤其是社会化大生产条件下，都是一个有机的整体。经济运行的总过程，"即包括生产消费（直接的生产过程）和作为其媒介的形式转化或交换（从物质方面考察，就是交换），也包含个人消费和作为其媒介的形式转化或交换"④。以上马克思对资本主义经济运行的方法或过程在其他性质或社会形

---

① 中共中央马克思恩格斯列宁斯大林著作编译局．马克思恩格斯全集：第42 卷［M］．北京：人民出版社，1979：238.

② 中共中央马克思恩格斯列宁斯大林著作编译局．马克思恩格斯全集：第46 卷上［M］．北京：人民出版社，1979：46.

③ 中共中央马克思恩格斯列宁斯大林著作编译局．马克思恩格斯全集：第46 卷上［M］．北京：人民出版社，1979：219.

④ 中共中央马克思恩格斯列宁斯大林著作编译局．马克思恩格斯文集：第6 卷［M］．北京：人民出版社，2009：390.

态国家的国民经济整体运行中也是适用的。第二，"资产阶级社会"体现了一个国家特殊的社会性质，尤其是占统治地位的生产方式的性质。马克思提出的"资产阶级社会"更多的是"资本主义生产方式占统治地位的社会"①。一方面，上层建筑是建立在一定的经济基础之上的，正如马克思所指出的那样，"物质生活的生产方式制约着整个社会生活、政治生活和精神生活的过程"②。因此，在揭开国家"虚幻的共同体的形式"后发现，"现代的国家政权只不过是管理整个资产阶级共同事物的委员会罢了"③。另一方面，上层建筑又要反作用于经济基础，国家也要为占统治地位的生产方式来服务。正如恩格斯所论述的那样，资产阶级国家是"资产阶级社会为了维护资本主义生产方式共同的外部条件使之不受工人和个别资本家的侵犯而建立的组织"④。

在资本主义社会和时代，资本是一种"普照的光"，它是支配国家和社会存在、发展的根本力量或因素。马克思、恩格斯在《共产党宣言》中指出了资本的性质："资本是集体的产物，它只有通过社会许多成员的共同活动，而且归根到底只有通过社会全体成员的共同活动，才能运动起来。因此，资本不是一种个人力量，而是一种

---

① 中共中央马克思恩格斯列宁斯大林著作编译局．马克思恩格斯文集：第5卷 [M]．北京：人民出版社，2009：47．

② 中共中央马克思恩格斯列宁斯大林著作编译局．马克思恩格斯选集：第2卷 [M]．北京：人民出版社，2009：591．

③ 中共中央马克思恩格斯列宁斯大林著作编译局．马克思恩格斯选集：第2卷 [M]．北京：人民出版社，2009：33．

④ 中共中央马克思恩格斯列宁斯大林著作编译局．马克思恩格斯选集：第3卷 [M]．北京：人民出版社，2009：559．

社会力量。"① 也就是说，资本的天性决定了资本的社会存在形式是社会资本，而非单一资本。这是因为在资本流通时，"各个单个资本的循环是互相交错的，是互为前提、互为条件的，而且正是在这种交错中形成社会总资本的运动"②。"社会资本＝单个资本之和，社会资本的总运动＝各单个资本运动的代数和。"③ 但是，社会总资本保持正常运动的前提是各部类之间以及各部类内部要保持比例的平衡。一旦平衡被打破，这种内在的不平衡就会通过外在的破坏力爆发出来，即资本主义经济危机。这时就要求国家采取措施对社会经济进行宏观调控，使资本关系的运作回到正常轨道上来。据此，恩格斯尖锐地指出现代国家的本质，即"现代国家，不管它的形式如何，本质上都是资本主义的机器，资本家的国家，理想的总资本家"④。

以上表明，马克思准确地把握了国家一般和国家特殊的本质，尤其是国家特殊——资本主义国家的本质。随着资本主义的发展走向成熟，国家也逐渐撕下了"守夜人"的面纱，露出其"理想的总资本家"的庐山真面目。

国家作为上层建筑，通过政治的、经济的、法律的手段为一国

① 中共中央马克思恩格斯列宁斯大林著作编译局 . 马克思恩格斯选集：第 2 卷［M］. 北京：人民出版社，2009：46.
② 中共中央马克思恩格斯列宁斯大林著作编译局 . 马克思恩格斯文集：第 6 卷［M］. 北京：人民出版社，2009：392.
③ 中共中央马克思恩格斯列宁斯大林著作编译局 . 马克思恩格斯文集：第 6 卷［M］. 北京：人民出版社，2009：113.
④ 中共中央马克思恩格斯列宁斯大林著作编译局 . 马克思恩格斯选集：第 3 卷［M］. 北京：人民出版社，1995：629.

的经济服务，这都是国家职能的具体表现。在国家本质理论的基础上，马克思提出了国家职能的二重性理论。他认为，从阶级社会产生到现代资本主义社会，国家职能具有二重性，即一方面执行"由一切社会的性质产生的各种公共事务"的职能，另一方面又执行"由政府同人民大众相对立而产生的各种特殊职能"①。其中，"执行由一切社会的性质产生的各种公共事务"的职能，即经济方面，如保护环境等公共事务；政治方面，如国土安全、政治安全等公共事务；社会和文化方面，如承担义务教育、高等教育、科技创新研发和社会保障等公共事务。

国家职能的二重性是由两个因素决定的，即社会化大生产和社会生产关系的性质。其中，社会生产关系是决定国家职能二重性的核心。资本主义国家承担着重要的角色，那就是为资本创造生存的条件和空间。资本主义固有的矛盾，即生产的社会化和生产资料由私人占有之间的矛盾一旦爆发，就需要国家发挥相应的职能来为资本的生存和发展进一步拓展空间。所以，马克思才讲，资本"总是只寻求自己价值增值的特殊条件，而把共同的条件作为全国的需要推给整个国家"②。

国家职能的二重性的矛盾和统一在社会总体运行过程中得到了集中体现。《资本论》第3卷指出，"凡是直接生产过程具有社会结合过程的形态……都必然会产生监督劳动和指挥劳动。不过它具有

---

① 中共中央马克思恩格斯列宁斯大林著作编译局．马克思恩格斯文集：第7卷［M］.北京：人民出版社，2009：431-432.
② 中共中央马克思恩格斯列宁斯大林著作编译局．马克思恩格斯全集：第46卷下［M］．北京：人民出版社，1980：24.

二重性"①。这里的"指挥劳动"，指的是由社会化大生产决定的"生产劳动"，表现为对协作劳动过程的联系性和统一性的指挥和调节。对"监督劳动"来说，马克思认为，"凡是建立在作为直接生产者的劳动者和生产资料所有者之间的对立上的生产方式中，都必然会产生这种监督劳动。这种对立越严重，这种监督劳动所起的作用也就越大"②。与"生产劳动"相对应的、对社会化大生产进行指挥和调节的功能，是与社会生产力联系在一起的。而与"监督劳动"紧密联系在一起的是承担各种公共事务的职能和由政府同人民大众相对立而产生的各种职能。

国家具体到资本主义形态，其"由政府同人民大众相对立而产生的各种特殊职能"就是作为资本的创造者和资本主义生产方式维护者的职能。资本主义的国家是为资产阶级利益服务的。马克思和恩格斯曾经指出，资产阶级国家是"资产阶级社会为了使之不受工人和个别资本家的侵犯而建立的组织"③。资产阶级国家"只有在它们是管理和处理生产的资产者的共同利益的委员会这个情况下，才是正当的"④。"现代的资产阶级财产关系靠国家权力来'维持'，资

---

① 中共中央马克思恩格斯列宁斯大林著作编译局．马克思恩格斯文集：第7卷 ［M］．北京：人民出版社，2009：431．
② 中共中央马克思恩格斯列宁斯大林著作编译局．马克思恩格斯全集：第25卷 ［M］．北京：人民出版社，1974：431．
③ 中共中央马克思恩格斯列宁斯大林著作编译局．马克思恩格斯全集：第20卷 ［M］．北京：人民出版社，1971：303．
④ 中共中央马克思恩格斯列宁斯大林著作编译局．马克思恩格斯全集：第26卷上 ［M］．北京：人民出版社，1972：314-315．

产阶级建立国家权力就是为了保卫自己的财产关系。"① 例如，资本主义初期加速发展的道路之一——"靠强制的手段"，即"通过以保护关税的形式向土地所有者、中小农民和手工业者征收赋税，通过加快剥夺独立的直接生产者，通过强制加快资本的积累和积聚"②，来加快资本主义经济的发展。

综合言之，国家的起源和本质决定了国家职能的二重性，具体到资本主义国家，其职能也是二重的，即"公共事务"职能和"特殊职能"。至此，资本主义国家就成了集"理想的总资本家"和"社会普遍权利"的代表者于一身的双面人。正如马克思在《法兰西内战》中写的那样，"随着现代阶级斗争——劳动和资本的斗争——采取更鲜明具体的形式，国家政权的面貌和性质也发生了显著的变化。它一直是一种维护秩序即维护现存社会秩序从而也就是维护占有者阶级对生产者阶级的压迫和剥削的权力"③。

二、马克思主义的国家学说

马克思主义的国家学说和马克思主义国家理论是一脉相承的，它是继马克思之后的学者根据历史的新变化和新现象对马克思理论的继承和发展。理论的发展主要分成两类：一是斯大林等人在无产

---

① 中共中央马克思恩格斯列宁斯大林著作编译局. 马克思恩格斯全集：第4卷 [M].
北京：人民出版社，1972：331.
② 中共中央马克思恩格斯列宁斯大林著作编译局. 马克思恩格斯文集：第7卷 [M].
北京：人民出版社，2009：887.
③ 中共中央马克思恩格斯列宁斯大林著作编译局. 马克思恩格斯选集：第3卷 [M].
北京：人民出版社，1995：118.

阶级革命和建设事业中对理论的发展；二是现代西方的主要思潮西方马克思主义的批判理论。根据文章的需要，本节主要介绍他们在国家本质（或国家的阶级性质）和国家职能等方面对马克思国际学说所做出的批判性的理论贡献。

斯大林在坚持马克思主义国家学说的基本原理的基础上，论述了国家职能问题。他指出："国家是在社会分裂为敌对阶级的基础上产生的，国家的产生是为了少数剥削者的利益来控制多数被剥削者。国家政权的工具，主要集中于军队、惩罚机关和监狱。国家的活动表现为两种基本的职能：内部的（主要的）职能是控制多数被剥削者；外部的（非主要的）职能是靠侵略别国领土来扩大本国阶级统治的领土，或者是保护本国的领土不受别国的侵犯。"① 斯大林对国家职能的认识是伴随着时代发展的，但跟马克思的国家职能二重性理论在本质上是相同的。

西方马克思主义阵营认为，国家理论是其批判理论的重要组成部分。20 世纪以来，随着现代资本主义社会经济基础的发展变化，现代资本主义国家的阶级性质及其政治制度都发生了新的变化，西方马克思主义根据现实的发展，对现代资本主义国家的变化进行了创新性的研究，形成了西方马克思主义的国家理论。西方马克思主义的国家理论不是系统地探讨国家的起源、概念和本质等一般的理论问题，也不是系统地探讨历史上各种不同类型的国家，而是集中对现代资本主义国家进行分析和批判。西方马克思主义的国家理论

---

① 中共中央马克思恩格斯列宁斯大林著作编译局. 斯大林选集：下卷［M］. 北京：人民出版社，1979：471.

的特点是批判性，当然最有价值的就是它的批判精神，正是在这一点上，西方马克思主义继承了马克思主要的传统。接下来重点介绍普兰查斯、米利班德、哈贝马斯、奥康纳、杰索普等西方马克思主义代表人物的观点。

　　普兰查斯是"结构主义"国家观的代表人物。他主要是把结构主义运用到国家问题的研究上，通过对生产方式的结构主义分析，认为"作为生产方式特征的形式乃是一套复杂整体的形式"①。这里的"生产方式"并非经济单向度，而是政治、经济、意识形态等多向度结合的一种典型结构。而国家作为社会形态的统一因素，起到一种调和作用，来保持社会形态的统一，这也就是国家的一般职能。普兰查斯否认这种调和作用是一种中立的职能，而认为国家是由一定的阶级占据统治地位的，国家机构的主要作用是通过集中和批准阶级统治，并以复制社会关系，即阶级关系来维持一个社会形态的统一和团结。国家一方面是统治阶级的国家，另一方面又是相对自主于统治阶级的，并非统治阶级的简单工具。国家既不是绝对自主的，又不是没有自主性，而是具有相对的自主性。也就是说，资本主义国家有时"并不直接代表统治阶级的经济利益，而是代表它们的政治利益"②。资本主义国家从长远的利益出发，适时地考虑放弃目前或短期的经济利益，来维护现存的社会关系。资产阶级终究会依赖稳定的资本主义生产关系，获得经济利益，这是通过维持自己

---

① 普兰查斯. 政治权力与社会阶段［M］. 王宏周，马清文，译. 北京：中国社会科学出版社，1982：4.
② 普兰查斯. 政治权力与社会阶段［M］. 王宏周，马清文，译. 北京：中国社会科学出版社，1982：207.

的政治利益，维持现有的国家，维护现有的社会关系，最终达到维护资产阶级的经济利益而不是直接维护自己暂时的利益。

在与米利班德对国家问题的争论中，普兰查斯进一步提出了国家本身是一种关系的观点，来继续反对以米利班德为代表的"国家工具论"的思想。他在《国家、权力与社会主义》中指出："不应把国家看作是像资本那样的一个固有的实体，倒不如说，它是各种权力之间的一种关系，或者更精确些说，它是阶级和阶级派别之间的关系的物质凝聚，以一种特别的形式表现在国家之中。"① 由此强调了国家是阶级矛盾集中的场所，是阶级斗争的战场。

英国学者米利班德是"国家工具论"的代表人物。他运用经验主义的方法，对资本主义国家的性质和职能进行了工具主义的分析。对现代资本主义国家为什么会成为资产阶级统治的工具，米利班德着重从三方面进行了阐释。第一，从国家的领导成员的性质看，由于资产阶级的人掌握着各种国家机构的领导权力，因此，他们就要为资产阶级谋利益。第二，资产阶级凭借着自己的经济权利和对经济以及其他资源的占有和控制，能够影响国家政策的制定。第三，资本主义的生产方式，资本主义的经济自身具有一种"结构性的"强制力，对政府行为具有约束力。正如米利班德指出的，"国家是附着在资本主义生产方式上面的""国家的性质是由生产方式的性质和要求决定的"②。在此基础上，他认为国家具有四种职能：镇压、思

① NICOS POULANTZAS. State, Power, Socialism [M]. London：Verso，2001：128 - 129.
② 米利班德. 马克思主义与政治学 [M]. 黄子都，译. 北京：商务印书馆，1984：78.

想文化、经济和国际方面的职能，这些职能都是要服务于资产阶级的。关于当代资本主义国家合法性的问题，米利班德在《资本主义社会的国家》中认为，国家更多的是通过意识形态的支配实现的。

哈贝马斯重点从干预经济的角度研究了晚期资本主义国家。他认为，晚期资本主义国家的本质仍是统治阶级的国家，是理想的总资本家，国家对经济活动的干预体现了"集体资本家的意志"。国家仅仅是理想上的资本家，而非垄断者的代理人，原因是国家对经济的干预，并非直接听命于某个资本家或垄断者，而是为了维护现有的资本主义生产的条件。在《合法性危机》中，哈贝马斯认为，资本主义经济危机由原先破坏性极大的周期性经济危机，转变为持续性的却是比较缓和的通货膨胀、生产停滞和财政赤字的危机。但是，也正是由于国家干预职能的增强，出现了政治系统的合理性危机和合法化危机，社会危机从经济系统转移到了作为政治系统的国家。合法性危机就是政府的输出危机，它指的是政府不能制定出合理的决策，国家机器对经济活动的失控，无法驾驭经济系统。而晚期资本主义国家能否得到支持，就在于福利国家能否担当起阻遏经济过程功能失调的不良后果，能否很好地满足人民大众的利益需求，从而维持自己的合法性存在。

奥康纳将资本主义再生产和国家职能联系在一起，从而说明资本主义经济危机和资本主义国家职能的关系。一方面，奥康纳认为，资本主义国家有两大基本职能——积累和合法性[①]。这就要求，国

---

① O'CONNOR J. Fiscal Crisis of the State [M]. New York：Martin's Press Inc.，1973：7.

家在创造有利于资本积累条件的同时，又要保持社会和谐。但是，资本主义国家在使用它的核心力量帮助一个阶级积累资本的时候，必然要损害另一个阶级的利益，从而以丧失其自身的合法性为代价，因此它还必须稳固源于大众的忠诚和支持的基础。另一方面，如果一个国家忽略了资本积累过程的必要性，那它也面临着失去权力源泉的危险，因为经济剩余的生产能力和税收取决于各种形式的资本积累。在整个社会中，私人资本成本的社会化和利润的私人占有的矛盾，造成了国家财政支出和财政收入之间的"结构性缺口"，从而造成了资本主义财政危机。

杰索普通过对之前马克思主义国家理论的批判性认识，提出了"策略关系"的国家理论。他认为国家是一种策略关系，其主要含义是国家是一个完整的制度系统，它是多维度多层次的，并没有哪种制度是固定的，因此也就没有已定的形式与内容来统一，但国家作为形式总是要和内容统一起来的。国家是一个制度系统，从而构建了这样一个环境，其中不同的力量给不同的部分或整体给予指导或指令。因为国家是一个非制度固定的系统，所以存在着不同的制度设计，国家不是一个永恒不变的体系。因此，资本积累与阶级斗争、国家权力和国家干预、国家的现象和本质的结合等都可以通过"策略"这个媒介而整合在一个有序的国家理论中。

以上西方马克思主义学者对马克思主义国家理论的继承与发展表明，现代资本主义的新发展和新现象需要从理论上做出概括和解释，譬如，国家与资本积累的关系，国家与意识形态危机，国家和财政危机，等等。资本主义不再是"单向度"的，而是一个复杂的整体，因此，需要从系统的结构和功能角度全方位地把握和研究。本书所要研究的剩余价值再分配是体现再分配关系的国家财政职能的一部分。因此，全面地理解和分析当代资本主义国家理论是构建马克思主义的财政和剩余价值再分配理论的基础。

第二节　剩余价值的分配

一、剩余价值的分配——《资本论》的逻辑终点

剩余价值理论是《资本论》的核心。《资本论》第一、二、三卷是对剩余价值理论的系统论述，论述的主体是从抽象到具体的概念运动。第一卷分析了资本的直接生产过程，其中涉及对资本、劳动力、剩余价值及其基本形式和具体形式的论述；第二卷进一步分析了生产过程和流通过程统一的资本的流通过程，侧重对资本主义经济运动形式的论述；第三卷分析的是以生产过程为基础，以流通过程为媒介的资本主义的分配过程，同时也综合说明了作为生产过程、流通过程和分配过程统一的资本主义生产的总过程。这个总过程，就它的实质来讲，是剩余价值的生产、实现和分配的总过程。《资本论》的第一、二卷集中论述了剩余价值生产和流通的一般内容，而第三卷则重点分析了剩余价值怎么转化为各种不同形式，在各种不同的剥削集团之间的分配。恩格斯在介绍《资本论》第三卷

时指出，"第三卷所阐释的就是剩余价值的分配规律"①，"剩余价值的分配就像一根红线一样贯串着整个第三卷"②。

《资本论》第一、二卷中谈到的剩余价值，只是它在一个占有者（产业资本家）手中的情形。然而在现实生活中，剩余价值仅仅有一部分留在这个占有者手中，其余部分则以各种特殊形式在各个有关方面的当事人之间进行分配。正如马克思所指出的那样："生产剩余价值，即直接从劳动者身上榨取没有报酬的劳动，把它固定在商品上面的资本家，是这种剩余价值的最初的占有者，但绝不是剩余价值的最终的所有者。他必须和那些在社会生产总体中执行其他职能的资本家和土地所有者等等，共同瓜分这种剩余价值。因此，剩余价值要分割成不同的部分。那些部分归属于不同范畴的人，并采取利润、利息、商业利润、地租等不同的互相独立的形式。剩余价值的这些转化形式，我们要留到本书第三卷再加论述。"③

剩余价值的分配实则是各类资本家（包括土地所有者）对剩余价值的进一步瓜分，这里主要是通过剩余价值率转化为利润率和利润率的平均化，从而平均利润与生产价格。而且剩余价值采取了各种具体的转化形式，各产业利润、商业利润、利息、企业主收入和地租等，这只是在剥削阶级内部对共同的赃物——剩余价值的进一步分配。

---

① 中共中央马克思恩格斯列宁斯大林著作编译局 . 马克思恩格斯全集：第 22 卷 ［M］. 北京：人民出版社，1957：511.

② 中共中央马克思恩格斯列宁斯大林著作编译局 . 马克思恩格斯全集：第 22 卷 ［M］. 北京：人民出版社，1957：512.

③ 中共中央马克思恩格斯列宁斯大林著作编译局 . 马克思恩格斯文集：第 5 卷 ［M］. 北京：人民出版社，2009：651-652.

基于以上的研究对象，第三卷总计分为七篇五十二章。第一篇至第三篇分析产业资本的具体形式，着重研究平均利润率的形成及其变化规律。因此，马克思就是从这些总的联系中考察了剩余价值在整个资产阶级中各个剥削集团和土地所有者之间进行的分配，及其采取的具体分配形式，从而得出资本运动的全过程（包括生产、流通和分配）的结论。

恩格斯评价《资本论》三卷"讲完了剩余价值的生产、流通和分配，也就结束了剩余价值的整个生涯"[1]。因此，如果说第三卷是马克思的主要著作的"理论部分的终结"[2] 的话，那么，剩余价值分配规律就是《资本论》的逻辑终点。

二、《资本论》——"六册计划""资本一般"篇

《资本论》是一部伟大的著作，但纵览马克思对《政治经济学批判》论述体系的设想，我们会发现《资本论》不过是这座宏伟大厦的局部实现而已。这点可以在对《政治经济学批判》论述体系的设想和《1857—1858 年经济学稿》的分析中得到印证。

从 1850 年开始，马克思在伦敦潜心研究政治经济学，在这个过程中，他做了大量的摘录和札记，整整写了二十四个笔记本，这些笔记本被后人称作《伦敦笔记》。在这份笔记中，马克思对商品、价值、货币、资本、利润、雇佣劳动、工资、土地所有制、地租、国

---

[1] 中共中央马克思恩格斯列宁斯大林著作编译局．马克思恩格斯全集：第 22 卷［M］．北京：人民出版社，1957：511．

[2] 中共中央马克思恩格斯列宁斯大林著作编译局．马克思恩格斯全集：第 25 卷［M］．北京：人民出版社，1957：3．

家贸易、信贷、人口问题、各国经济史、世界市场、殖民制度等，都做了笔记。正是在《伦敦笔记》的基础上，马克思逐渐形成了写作《政治经济学批判》的计划。

经过短暂的停顿后，1857年即将到来的经济危机，促使马克思再次加紧对政治经济学的研究。从1857年7月到1858年6月，他写下了总数达五十印张的七本手稿，其主要内容就是题为《政治经济学批判》的草稿。在为《政治经济学批判》写的"导言"中，马克思曾经这样设想这部著作的论述体系，"显然，应该这样来分篇：（1）一般的抽象的规定，因此它们或多或少属于一切社会形式，不过是上面所阐述的意义上。（2）形成资产阶级社会内部结构并且成为基本阶级的依据的范畴。资本、雇佣劳动、土地所有制。它们的相互关系。城市和乡村。三大社会阶级。它们之间的交换。流通。信用事业（私人信用）。（3）资产阶级社会在国家形式上的概括。就它本身来考察。'非生产'阶级。税。国债。公共信用。人口。殖民地。向外国移民。（4）生产的国际关系。国际分工。国际交换。输出和输入。汇率。（5）世界市场和危机"①。这"五篇设想"是马克思为《政治经济学批判》所设计的第一个体系。

1858年2月22日，在写给拉萨尔的信中，马克思提出了对《政治经济学批判》这部书稿的"六册计划"，"全部著作分成六个分册：（1）资本（包括一些绪论性的章节）；（2）地产；（3）雇佣劳

---

① 中共中央马克思恩格斯列宁斯大林著作编译局．马克思恩格斯全集：第46卷上[M]．北京：人民出版社，1979：46.

动；（4）国家；（5）国际贸易；（6）世界市场"①。六册计划与五篇结构的区别是，五篇结构中的第二篇"形成资产阶级社会内部结构并且成为基本阶级的依据的范畴"，分为"资本""地产"和"雇佣劳动"三册，而把原来第一篇的内容放在第一册"资本"中。

关于《政治经济学批判》，马克思写了两份手稿，并出版了它的第一分册。第一份手稿是《1857—1858 年经济学手稿》。这份手稿写完之后，他继续《政治经济学批判》第一分册的写作，接着是第二分册，即《1861—1863 年经济学手稿》的前半部分。不论是《1857—1858 年经济学手稿》，还是《政治经济学批判》第一分册，以及其中关于《政治经济学批判》第二分册的内容，都属于六册计划中第一册"资本"的内容。其中，《政治经济学批判》第一分册是计划中第一篇"资本一般"的两章，是原计划中第一篇"资本一般"的第三章资本。但是在对资本的进一步论述中，马克思调整了原有的写作计划。1862 年 12 月 28 日，他在写给库格曼的信中说："第二部分终于已经脱稿，只剩下誊清和付排前的最后润色了。这部分大约有三十印张。它是第一册的续篇，将以《资本论》为题单独出版，而《政治经济学批判》这个名称只作为副标题。其实，它只包括本来应构成第一篇第三章的内容，即《资本一般》。这样，这里没有包括资本的竞争和信用。这一卷的内容就是英国人称为'政治经济学原理'的东西。"② 在同一封信中，他还说："我打算或者用

---

① 马克思，恩格斯.《资本论》书信集 [M]. 北京：人民出版社，1976：124.
② 马克思，恩格斯.《资本论》书信集 [M]. 北京：人民出版社，1976：170.

德文写续篇，即结束资本、竞争和信用的阐述。"① 马克思这里所说的 "第一篇第三章的内容" 就是他原来准备作为《政治经济学批判》第二分册的手稿。现在他决定把这部分内容作为独立的著作——《资本论》单独出版。因此，《资本论》作为一部巨著，在马克思整个研究计划体系中仅是 "六册计划" 中 "资本一般" 篇的部分内容。

这里，学界关于《政治经济学批判》"六册计划" 和《资本论》的关系存在一个争论的焦点，即马克思在 1862 年年底正式提出撰写《资本论》后是否放弃了 "六册计划"。以顾海良为代表的学者认为，"马克思只是对他原先的写作计划作了调整，并没有改变'六册结构'的写作构思。马克思似乎感到，在他有生之年难以按'六册结构'完成全部经济学著作，但首先要完成属于'基本原理'的第一册《资本》，这是他整个著作的最难叙述的部分，也是他整个著作的'精髓'"②。

三、"六册计划""国家"篇——剩余价值再分配的前提

马克思在《政治经济学批判》"导言" 中，考察了他研究资本主义经济制度的分篇问题，把税、国债、公共信用以及 "非生产" 阶级等财政范畴与人口、殖民地、向外国移民问题同作为 "资产阶

---

① 马克思，恩格斯.《资本论》书信集［M］.北京：人民出版社，1976：170.
② 顾海良.通向《资本论》的思想驿站：读《政治经济学批判（1857—1858 年手稿）》［J］.中国高校社会科学，2012（3）：7-8.

级社会在国家形式上的概括"并列为第三篇①。马克思十分明确地把财政与国家联系在一起,指出研究财政问题要从国家角度、从国家方面来进行。税、国债、公共信用以及"非生产"阶级的收入和费用等财政问题是通过国家形式而出现的经济问题,在资本主义制度下,表现为资本主义经济在国家形式上的概括。资产阶级国家最主要的经济活动是征税、发行公债,满足"非生产"阶级的物质需要,财政是国家存在和发展的物质基础,"赋税是官僚、军队、教士和宫廷的生活源泉,一句话,它是行政权力整个机构的生活源泉"②。这说明,离开国家就很难把财政问题说清楚。到了 1859 年,马克思在第二次拟定研究资本主义经济制度时,把"国家"列为研究资本主义经济制度的六个项目之一。马克思指出,"我考察资产阶级经济制度是按以下的次序:资本、土地所有制、雇佣劳动;国家,对外贸易、世界市场"③。前三项是"研究现代资产阶级社会分成的三大阶级的经济生活条件",即研究资本主义的生产过程以及与之相适应的流通过程和分配过程,这是资本家作为单个剥削者的经济活动。第四项"国家"绝非上层建筑意义上的国家,在这里,马克思所要研究的是资本家作为总体剥削者的经济活动,即国家的经济活动,这个经济活动包含的内容就是前述"导言"中所列的"'非生

---

① 中共中央马克思恩格斯列宁斯大林著作编译局.马克思恩格斯全集:第 46 卷上[M].北京:人民出版社,1979:46.
② 中共中央马克思恩格斯列宁斯大林著作编译局.马克思恩格斯全集:第 8 卷[M].北京:人民出版社,1961:221.
③ 中共中央马克思恩格斯列宁斯大林著作编译局.马克思恩格斯选集:第 2 卷[M].北京:人民出版社,1972:81.

产'阶段。税。国债"等。这说明国家是财政关系的担当者，是财政分配活动的主体。因此，马克思关于财政是"在国家形式上的概括"的论断说明了国家与财政的辩证关系，即财政是国家存在和发展的物质基础，是国家作用于经济基础的杠杆，而国家是财政分配关系的主体。没有财政，国家就无法存在，离开了国家也就没有所谓财政可言。

财政是国家存在和发展的物质基础。1853 年 4 月 12 日，马克思在《新的财政把戏或格莱斯顿和辩士》一文就深刻地指出，"'国家'，这是土地贵族和金融巨头联合统治的化身，它需要金钱来实现对国内和国外的压迫"①。国家离开金钱、离开财政就不能实现它的对国内和国外压迫的职能，它本身也就无法存在。国家为维持公共权力，实现其职能或扩大其职能，总是通过征税来获得物质基础。马克思在《道德化的批评和批评化的道德》中详尽生动地论述了税收是国家存在的物质基础。他说："捐税体现着表现在经济上的国家存在。官吏和僧侣、士兵和舞蹈女演员、教师和警察、希腊式的博物馆和哥达式的尖塔、王室费用和官阶表这一切童话般的存在物于胚胎时期就已安睡在一个共同的种子——捐税之中了。"② 又说，"国家存在的经济体现就是捐税。"③ 国家要强化它的统治，要使它的权力机器得到发展，也要依靠增税。马克思说："强有力的政府和

---

① 中共中央马克思恩格斯列宁斯大林著作编译局. 马克思恩格斯全集：第 9 卷 [M]. 北京：人民出版社，1961：50.

② 中共中央马克思恩格斯列宁斯大林著作编译局. 马克思恩格斯全集：第 4 卷 [M]. 北京：人民出版社，1972：342.

③ 中共中央马克思恩格斯列宁斯大林著作编译局. 马克思恩格斯全集：第 4 卷 [M]. 北京：人民出版社，1972：342.

繁重的赋税是同一个概念。"① 马克思在他的晚年著作《哥达纲领批判》中将其关于财政与国家的关系，财政是国家存在和发展的物质基础的思想讲得更明确、更肯定——"赋税是政府机器的经济基础，而不是其他任何东西。"② 恩格斯在批判杜林的"政治关系的形式是历史上基础性的东西，而经济的依存不过是一种作用或特殊情形，因而总是第二等的事实"时，也是把税收作为国家的经济基础的。恩格斯指出："只有像杜林先生这样的人才能设想捐税在国家中只是'第二等的作用'……"③ 这就是说，捐税在国家中起着第一等的作用，国家的存在离不开捐税，有国家就必有捐税，必有财政。

财政是国家作用于经济基础的杠杆。马克思认为国家具有干预经济的职能，而财政是国家干预经济职能的实现手段。恩格斯说："国家就是通过保护关税、贸易自由，好的或者坏的财政制度发生作用的。"这就是说，财政历来是国家作用于经济基础、干预经济活动的杠杆，这主要体现在以下两方面。

第一，国家通过财政建立社会的一般的生产条件。远在奴隶社会"那些通过劳动而实际占有的公共条件，如在亚细亚各民族中起过非常重要作用的灌溉渠道，以及交通工具等等，就表现为更高的

---

① 中共中央马克思恩格斯列宁斯大林著作编译局. 马克思恩格斯选集：第 1 卷［M］. 北京：人民出版社，1995：681.
② 中共中央马克思恩格斯列宁斯大林著作编译局. 马克思恩格斯全集：第 19 卷［M］. 北京：人民出版社，1956：32.
③ 中共中央马克思恩格斯列宁斯大林著作编译局. 马克思恩格斯选集：第 3 卷［M］. 北京：人民出版社，1973：200.

统一体，即高居于各小公社之上的专制政府的事业"①。这些公共工程的建造，是需要国家财力做保证的，"不管是用徭役劳动来筑路，还是用赋税来筑路，结果都是一样的"②，都"是用强制手段把国家的一部分剩余劳动或剩余产品变成道路"③。到了资本主义时代，国家仍然利用财政进行干预经济的活动，并且有了很大的发展。马克思说："一个国家，例如美国，甚至可以在生产方面感到铁路的必要性；但是，修筑铁路对于生产所产生的直接利益可能如此微小，以致投资只能造成亏本。那时，资本就把这些开支转嫁到国家肩上……在资本还没有采取股份公司形式的时候，它总是只寻求自己价值增值的特殊条件，而把共同的条件作为全国的需要推给整个国家。资本只经营有利的企业，只经营在它看来有利的企业。"④ 这说明，通过财政建立社会的一般的生产条件，是资本主义国家的重大任务之一，也是国家利用财政杠杆干预经济的一大方面。

第二，国家利用财政手段调节生产和流通，影响分配和消费。马克思指出，"'权力也统治着财产。'这就是说：财产的手中并没有政治权力，甚至政治权力还通过如任意征税、没收、特权、官僚

---

① 中共中央马克思恩格斯列宁斯大林著作编译局. 马克思恩格斯全集：第 46 卷上 [M]. 北京：人民出版社，1979：474.

② 中共中央马克思恩格斯列宁斯大林著作编译局. 马克思恩格斯全集：第 46 卷下 [M]. 北京：人民出版社，1980：17.

③ 中共中央马克思恩格斯列宁斯大林著作编译局. 马克思恩格斯全集：第 46 卷下 [M]. 北京：人民出版社，1980：16.

④ 中共中央马克思恩格斯列宁斯大林著作编译局. 马克思恩格斯全集：第 46 卷下 [M]. 北京：人民出版社，1980：2.

制度加于工商业的干扰等办法来捉弄财产"①。国家通过税种的设立、税率的高低，影响生产的发展。

国家是财政分配（剩余价值再分配）关系的主体。马克思认为财政是一种分配关系，是一个特定的分配方式。资本主义制度下的财政是一个特殊的剩余价值分配方式。前面说过，在资本主义制度下，利润会以各种不同的形式——利润、利息、地租、年金、赋税等，在不同名称和不同阶级的居民之间进行分配。马克思指出，"'社会需要'，也就是说，调节需求原则的东西，本质上是由不同阶级的互相关系和他们各自的经济地位决定的，因而也就是，第一是由全部剩余价值和工资的比率决定的，第二是由剩余价值所分成的不同部分（利润、利息、地租、赋税等）的比率决定的"②。社会需要的满足程度由全社会的剩余价值总量和国家对剩余价值总量的占有比重两个因素决定。财政收入，就是国家对一部分剩余价值的占有，而财政支出就是国家对它所占有的剩余价值的使用或者是它所占的剩余价值的再分配。财政就是一个特殊的剩余价值的分配形态。

但财政的存在和发展以国家为前提。马克思曾指出，"废除捐税的背后就是废除国家"③。又说过，"无论在不同社会阶段上分配如

---

① 中共中央马克思恩格斯列宁斯大林著作编译局. 马克思恩格斯全集：第 4 卷［M］. 北京：人民出版社，1972：330.
② 中共中央马克思恩格斯列宁斯大林著作编译局. 马克思恩格斯全集：第 25 卷［M］. 北京：人民出版社，1974：203.
③ 中共中央马克思恩格斯列宁斯大林著作编译局. 马克思恩格斯全集：第 7 卷［M］. 北京：人民出版社，1959：339.

何不同，总是可以像在生产中那样提出一些共同的规定来，可以把一切历史差别混合和融化在一般人类规律之中。例如，奴隶、农奴、雇佣工人都得到一定量的食物，使他们能够作为奴隶、农奴和雇佣工人来生存。靠贡赋生活的征服者、靠租税生活的官吏、靠地租生活的土地占有者、靠施舍生活的僧侣，或者靠什一税生活的教士，都得到一份社会产品，而决定这一份产品的规律不同于奴隶等劳动者那一份产品的规律"①。就是说，奴隶等劳动者占有的那一份产品是必要产品，而征服者、官吏、土地占有者、僧侣、教士等占有的则是劳动者创造的剩余产品。马克思这段话告诉我们两方面财政共性的东西：其一，任何社会制度下的财政都是剩余价值产品的一种分配形式，以剩余价值产品为物质基础；其二，任何社会制度下的财政都是以国家政府为前提。马克思在分析资本主义税收时指出，资产阶级"以国家的身份通过巧妙的征税办法对工人进行盗窃"②。国家是包括征税活动在内的财政活动的主体。恩格斯也说："正是资本家与工人间的这种交易（指工人的劳动力出卖给资本家）创造出随后以地租、商业利润、资本利息等等形式在各类资本家及其奴仆之间分配的全部剩余价值。"③ 资本家的奴仆指的就是国家。恩格斯这段话表明，捐税是国家占有剩余价值的形式。因此，国家就是财政分配关系或者剩余价值再分配的主体，而剩余产品价值是客体，

---

① 中共中央马克思恩格斯列宁斯大林著作编译局. 马克思恩格斯全集：第 12 卷 ［M］. 北京：人民出版社，1962：737.
② 中共中央马克思恩格斯列宁斯大林著作编译局. 马克思恩格斯全集：第 49 卷 ［M］. 北京：人民出版社，1982：275.
③ 中共中央马克思恩格斯列宁斯大林著作编译局. 马克思恩格斯全集：第 18 卷 ［M］. 北京：人民出版社，1964：249.

财政就是这样一种主体和客体的关系，即国家对剩余产品价值的分配关系，这也是财政的最一般的本质。从这个意义上来说，剩余价值再分配实则是财政分配关系，必然要以国家为主体和前提。

第三节　构建马克思的剩余价值再分配的理论基础

一、再分配的剩余价值来源

负税人和纳税人是两个相互联系而又有区别的范畴。纳税人是享有法定权利，负有法定纳税义务，直接缴纳税款的单位和个人，是税收法定主体要素①。法定纳税人是由国家在法律上明确规定的税收支付者，可以是自然人，也可以是法人。在资本主义国家，工资所得税的纳税人是工资所得者；地产税和房屋税的纳税人通常是这些财产的所有者，而这个所有者可以是个人或者企业团体等；营业税的纳税人是有这种营业行为的商店；国内消费税的纳税人是国内产制这些商品的工厂企业；进口税的纳税人是进口这些商品的进口商；等等。法定纳税人有缴纳税款的义务，直接同国家财政机关发生关系，在不能履行义务时，将受到法律的制裁。因此，他们对税制的一切规定都是十分关心的，在这些问题上他们同资本主义国家并不是完全一致、没有矛盾的。

---

① 常向东. 纳税人与负税人比较研究［J］. 兰州商学院学报，1999（2）：34.

　　但是，纳税人并非都是负税人。负税人是税收在经济上的实际承担者，是税收的经济主体要素。在资本主义国家，只有在一部分税收的课征中，纳税人同负税人才是一致的。比如，对工人和劳动农民课征的所得税就是如此。但是，不少的税收是完全不同的。比如，工商企业是消费税、进口税、营业税等的纳税人，但无论这些企业本身还是这些企业的主人，都不是负税人。不少财产税虽是由财产的所有者来纳税，但他们总有办法把负担转给别人。课税的影响，从纳税人推到负税人，其间有着一个复杂的过程，也要通过不同的途径，这就是税负转嫁。

　　税负转嫁意味着把税收负担从资本家那里转移到工人、职员、农民和手工业者的身上，并为此采取了各种各样的方法。税负转嫁过程隐蔽地发生在生产和流通领域。生产领域内资本家在加剧基本剥削的同时，即使在税款提高的情况下，仍然增加利润。随着资本主义的发展，对劳动人民剥削的程度也在提高，经常变换的剥削形式使转嫁方法也随之不断变化。在垄断前时期，资本家增加利润、转嫁税负是靠延长工作日、缩减工资等方法来实现的。在帝国主义制度下，剥削的条件大不相同，提高劳动集约化的程度成为增加利润和转嫁税负的主要手段。为此资本家千方百计充分利用工作日（提高生产定额，缩减午休时间，增快传送带的速度，使用程序操纵车床），实行轮班和加班工作制，并建立多要素的劳动工资制度（劳动力根据教育、经验、能力、视力等鉴定）。同时为了节省安全技术、照明等方面的开支，工作条件也随之恶化。

　　在流通领域中，资本家利用价格机制转嫁税负，将应缴税额加进成品销售价格之内。如果这种产品的消费者是工人、农民、职员，那么价格一涨，他们会立即感到捐税的负担；如果这种商品的购买者是国家，在此情况下资本家就把应缴税款转嫁给国家，即转嫁在广大的纳税者身上。另外，资本家还通过压低收购价格的办法，把其应纳的税款转嫁在原料、燃料供应者（小农场主、商品生产者）和国有企业身上。

此外，国家因给资本家提供种种税收折扣，使其纳税义务减少了，仿佛国家自己负担了应该由企业主缴纳的那部分税款，然而实际上正如马克思强调指出的，"在我们目前的这种企业主和雇佣工人的社会制度下，资产阶级在碰到加税的时候，总是用降低工资或提高价格的办法来求得补偿的"①。

各种资本家集团具有转嫁税负的不同渠道。然而，并不是所有税负都均等地转嫁在广大人民群众身上。因此，本书所研究的再分配的剩余价值从其来源来看，实则都是源自劳动者阶级，因为劳动是价值的唯一源泉。再分配中的剩余价值全部出自劳动者阶级，也就是说，劳动者阶级是再分配的剩余价值的实际承担人。

二、剩余价值再分配的收入原则

剩余价值再分配的收入原则是单个资本占有规律转化为"总资本家"占有规律。剩余价值再分配是国家财政的部分职能体现，那么剩余价值再分配的收入构成了国家财政收入的一部分。国家财政

---

①　中共中央马克思恩格斯列宁斯大林著作编译局. 马克思恩格斯全集：第9卷［M］.
北京：人民出版社，1961：74.

收入要以国家的强制为前提，因此，剩余价值再分配收入的实现必然要通过国家的强制性。马克思曾经在《资本论》中阐释了资本主义占有规律，即资本家购买劳动力的形式掩盖了资本家无偿占有工人创造的剩余价值的本质。但这里的资本家还只是指一般的单个资本家，并非作为"总资本家"的国家。资本主义社会的基础正是生产资料的私人资本家占有制度。而资本主义国家的产生是社会的单个资本家对占有权的部分让渡，也就是说单个资本家占有转化为"总资本家"对剩余价值的占有。

单个资本家之所以愿意让渡部分占有权其实是为了更好地无偿占有更多的剩余价值，从而保证资本的持续性积累。私人资本家可以利用国家机器、利用暴力机关和其他工具，实行对其他阶级的剥削和统治。因此，国家的形式尽管各不相同，但"在一切典型的时期毫无例外地都是统治阶级的国家，并且在一切场合毫无例外地都是统治阶级的国家，并且在一切场合在本质上都是镇压被剥削阶级的机器"①。也就是说，国家是在经济上垄断着生产资料，在政治上占领统治地位，为了维护本阶级的利益，保护现有的经济制度，镇压被剥削、被统治阶级的反抗，对他们施加暴力的机器。这些暴力机器包括军队、警察、法庭和监狱等。因此，资本主义国家对国民经济的国家强制，就是运用国家权力，运用一切可以利用的手段来维护资本主义生产方式的运行。正如恩格斯所指出的，"古代的国家首先是奴隶主用来镇压奴隶的国家，封建国家是贵族用来镇压农奴

---

① 中共中央马克思恩格斯列宁斯大林著作编译局. 马克思恩格斯选集：第 4 卷［M］. 北京：人民出版社，1995：176.

和依附农奴的机关，现代的代议制的国家是资本剥削雇佣劳动的工具"①。而资本主义国家为了保护资本主义私有制，打着保护一切私有财产的幌子。名义上是"私有财产，神圣不可侵犯"，实际上保护的是资本家的私有财产而已。

资本主义国家在宣称保护一切私有财产的同时，又必须侵占私有财产。为了维护资本主义制度，国家必须进行各种活动，从而必须从经济中取得足够的物质支持，必须通过各种途径和方式来占有一部分产品。国家的占有，表面是对于私有的否定，实则是为了维护资本主义制度。资产阶级凭借政治权力在分配领域分割的剩余价值收入是在国民收入再分配中形成的。对于资本主义社会各个阶级和集团的基本收入，国家凭借强制力量，分别地或者合并地征收他们的一部分，使这部分产品从原来归这个阶级或集团所有变成归资本主义国家所有。

剩余价值再分配收入主要有两个来源：税收和国债。作为剩余价值再分配收入的重要形式。税收具有强制性和无偿性的特征，是国家凭借政治权力强制地和无偿地占有的一部分社会产品。所以，税收必须以国家强制为前提，同时作为社会产品或剩余价值的一部分，其主体必须拥有相应的占有权。从这个意义上看，税收这种形式的剩余价值再分配收入必须以国家"总资本家"的占有权为原则。否则，税收就是一纸空谈。

----

① 中共中央马克思恩格斯列宁斯大林著作编译局. 马克思恩格斯选集：第4卷［M］. 北京：人民出版社，1972：168.

列宁评述"总资本家"剥削劳动人民的工具时指出，国家为了执行其职能"就需要捐税和国债"①。国债和税收一样，是以国家为主体的再分配关系。国家公债就是以国家做担保所负的债务，是国家依据信用原则从社会上吸收资金来解决剩余价值再分配收入需要的一种形式。国债不是资本主义社会的产物，但资本主义的国债生来就被打下了资本主义的烙印，即为维护资产阶级利益服务。马克思对这点做了充分的论述："国家负债倒是符合资产阶级中通过议会来统治和立法的那个集团的直接利益。国家财政赤字，正是他们投机的真正对象和他们致富的主要源泉。每一年度结束都有新的财政赤字。每过 4 年或 5 年就有新的公债。而每一次新的公债都使金融贵族获得新的良好机会去盘剥经常被人为地保持在濒于破产状态的国家，因为国家不得不按最不利的条件向银行家借款。"② 国债的利息来自国家税收，而大多数税收来自劳动者的工资和创造的剩余价值。"国家用课税的办法向工人阶级榨取金钱来支出这些款子。这样，人民便给自己的压迫者做了保人，是那些借钱给压迫者的人放心借钱给他们压迫人民。"③ 以国债为实现形式的资本主义国家信用实则是借贷资本的一种特殊运动形式。资本主义国家信用的本质更是说明国债依然是"总资本家"为全社会资本正常运行的工具或产物。

---

① 中共中央马克思恩格斯列宁斯大林著作编译局. 列宁全集：第 25 卷 ［M］. 北京：人民出版社，1958：379.
② 中共中央马克思恩格斯列宁斯大林著作编译局. 马克思恩格斯全集：第 7 卷 ［M］. 北京：人民出版社，1959：13.
③ 中共中央马克思恩格斯列宁斯大林著作编译局. 马克思恩格斯全集：第 9 卷 ［M］. 北京：人民出版社，1961：50.

三、剩余价值再分配支出原则一：保证社会总资本的再生产

剩余价值再分配是资本主义国家的一种分配关系，其性质是与资本主义国家的阶级利益联系在一起的。剩余价值再分配支出或预算同巩固大资本的权力和统治维护在各种矛盾不断增长条件下的资本主义经济制度，即基本生产资料私有制的活动紧密联系。

剩余价值再分配支出反映了资本主义国家经济职能的进一步加强，尤其反映出国家垄断资本主义的特征。剩余价值再分配支出的经济本质表现为促进资本主义再生产的过程，促进资本的积累，使垄断组织获得最大的超额利润。没有国家再分配的参与，就不可能进行现代资本主义的再生产，因为国家再分配支出保证着资本主义国家实现其与政治、经济和社会活动相联系的主要职能。

因此，资本主义国家的剩余价值再分配的支出主要用于维护大垄断资本、金融寡头的利益，用于巩固他们的经济和政治地位，维持资本的再生产顺利进行，扩大向外扩张，夺取新的统治和势力范围。垄断资本主义国家剩余价值再分配支出的目的是保存资本主义的剥削制度，保护作为统治阶级的资产阶级的利益。

剩余价值再分配支出在很大程度上是非生产性的，这是由资本主义国家的职能和活动性质所决定的。国家拨付的大部分支出并不能直接创造物质财富，也不能促进国民收入的增长，相反还会造成物质财富的浪费，对社会再生产造成不可挽回的损失。剩余价值再分配支出中军费支出占据了很大一部分，而这些资金生产的军需品，和生产资料、日常消费品都没有关系，这就意味着军需品脱离了正

常的再生产过程。马克思在强调这类非生产性的开支时指出，战争在直接的经济关系中，就如同国家把自己的一部分资本抛入水中。属于这类范畴的支出，还有用于维持军事警察机构和国家官僚管理机构的费用。这些支出不能使资本自行繁殖，不是"生产剩余价值的手段"。就连用于经济方面的国家支出，也往往是为了资本主义制度的一定目的服务的。如通过缩减播种面积，减少农产品和其他产品的生产来维持垄断高价，攫取垄断利润。

但是从资本家特别是垄断资本家的角度来看，剩余价值再分配在军事领域的支出是非常有利的。国家军事部门的活动是统治阶级对国内镇压和对外侵略的必要条件。这种活动的范围是广泛的，因此所需经费是巨额的，从而必须也要有大量的一次性消费。大量的军事支出给垄断资本带来商品和劳务的市场以及大量投资的可能，从而给他们提供了利润甚至是垄断利润。随着资本主义国家军事支出的大量增长，资本主义经济中军事生产和其他供应部门也必然迅速扩大。这些部门是为政府订货而生产的，它的产品只能卖给政府。垄断资本对政府部门的控制，要求政府在这些部门投入大量的资金。因此，剩余价值再分配支出中就会发生相当数额的对军事生产和与此密切相关的部门的投资。这些投资即使有着生产投资的外貌，但实际上不是生产性的支出，并没有当做生产资本来使用。国家垄断资本主义的发展，本身并不能改变剩余价值再分配的保证资本再生产的性质，当然也不会改变剩余价值再分配支出的基本方向。

四、剩余价值再分配支出原则二：提供社会保障公共服务

剩余价值再分配支出的原则除了维护资本再生产外，还有就是社会保障公共服务。公共支出当然是资本主义国家剩余价值再分配又一大支出。这部分支出包括经济支出、教育卫生文化支出和社会救济。这部分支出的根本目的是建立资本主义生产的一般条件，即基本上是为资本主义要求保证必要劳动力的再生产，需要保存一切物质资料和剩余价值的主要生产者和创造者——工人阶级而服务的。马克思指出，"劳动可能是必要的，但可能不是生产的。因此，一切一般的、共同的生产条件——只要它们还不能由资本本身在资本的条件下创造出来——必须由国家收入的一部分来支付，由国库来支付……"[1]

在垄断资本主义条件下，社会保障需要支出的增加是由资本主义社会的客观因素造成的，如科学技术革命、生产力的发展和技术进步等。科学技术的进步及其成果在经济中的运用，在很大程度上取决于是否有受过训练的工作人员。曾有经济学家这样指出，我们再不能只根据一个国家是否有某些自然财富来判断其贫富或强弱了。现在主要的根据是它是否有受过训练的劳动力，是否有丰富专业知识的劳动力，以此来决定一个国家是否有潜力。

增加剩余价值再分配中的社会支出，在科学技术的影响下，依靠工人劳动生产率的提高，成百倍地偿还给资本家。列宁指出，"在

---

[1] 中共中央马克思恩格斯列宁斯大林著作编译局. 马克思恩格斯全集：第46卷下[M]. 北京：人民出版社，1980：26.

资本主义社会里，技术和科学的进步意味着榨取血汗的艺术的进步"①。资本家采用新技术，必然猛烈地提高工人的劳动强度，要求更大的体力消耗和过度的神经紧张，这就造成了劳动者的身体伤害，从而使生产受到极大的损伤，加速了劳动力的破坏。军事相关技术的发展，如技术和新式武器的发展，也要求受过相当高的教育和技术训练的人员。

剩余价值再分配在社会需要方面的支出是保持经济稳定，使得支出与人民有支付能力的需求保持一定水平。同时，在资本主义生产的周期性缩短，普通民众的购买力越来越落后与生产增长的条件下，这种支出还是为了减轻产品销售的困难。因此，这些支出又作为资本主义国家广泛实行反危机政策的一个组成部分。

社会支出的关键目的是工人阶级在生产过程中的作用。他们在生产中创造了剩余价值，其根本目的还是资本再生产的持续进行。

---

① 中共中央马克思恩格斯列宁斯大林著作编译局. 列宁全集：第 18 卷 ［M］. 北京：人民出版社，1959：594.

第三章

美国国家剩余价值再分配的历史演变

第一节　第二次世界大战之前及战争期间的
国家剩余价值再分配

一、国家预算

剩余价值再分配是国民收入再分配的一部分。国家预算的主要
职能就体现在国民收入的再分配方面。国家预算是相互联系着的收
入和支出两个部分，前者包括各种收入资金，后者包括各种支出费
用。其中，支出部分反映集聚于预算中的资金的用途。从支出的角
度来看，国家预算是"通过列出政府开支来描述政府行为……反映
政府做什么和不做什么"①。因此，预期的剩余价值再分配计划就要
通过国家预算来实现。也就是说，国家预算是实现剩余价值再分配
的工具。

---

① 鲁宾. 公共预算中的政治 [M]. 叶娟丽，等译. 北京：中国人民大学出版社，
2001：1.

二、早期的平衡预算

资本主义国家对剩余价值再分配的支配权源于对封建国王无限财权的反对。封建主义时代，国家财政和国王财政是不分的。国王通常有全权或不受任何限制的支配权。王室的经费、国王个人的各项所需，支出了大量的资金。封建国王之间相互竞争财富，造成了大量浪费，甚至导致国家财政的彻底崩溃和人民破产。而封建统治者们为了掩盖大规模的支出，使之不受社会舆论的谴责，全部手续都是秘密进行的。

但是新兴工业资产阶级认识到没有国家剩余价值再分配的支持，工业也是不可能发展的。不过他们认为国家的活动和剩余价值再分配必须保持在一定的范围内。如果超越了这个范围，它就会影响到资本的积累。因此，他们反对"王权连同它的穷奢极侈的生活""贵族的薪高而休闲的职位""教会""庞大的司法机构"等，认为这一切都是"生产的多余的、非必需的费用"。工业资产阶级通过资产阶级革命建立了资产阶级共和国，开启了对国家剩余价值再分配的监督，按年度批准预算。

在自由竞争资本主义时期，国家奉行经济自由主义，主张经济自由，即实行自由竞争、自由经营、自由贸易，同时主张反对政府干预，并且认为在资本主义市场条件下，供求可以自动平衡，因而主张低税收和地方分权，反对大政府。正如马克思所指出的，"生活的各个领域都处在自由竞争的无限的统治之下，只是在总的方面留下一个为整个资产阶级所必需的最低限度的行政权，以便在对内对外政策上保障资产阶级的共同利益并管理资产阶级的共同事务；而就连这个最低限度的行政权也必须组织得尽可能合理而经济"①。资产阶级就是在这样的条件下提出了"廉价政府"的口号。与古典自由放任的经济理论相联系的是，联邦政府推崇平衡预算的剩余价值再分配思想。这一时期平衡预算准则的特点是要求实行严格的年度预算平衡，代表着传统的平衡观，即每一年的财政收支运行的实际结果都应是平衡的。传统的平衡预算准则基于政府预算行为应立足于节俭这一价值观念上，认为预算的平衡表明政府的责任感和高效率。

传统的平衡预算思想的理论基础就是以"廉价政府"为特色的古典学派财政理论，其中以斯密（Adam Smith）为代表。

斯密从资本主义早期发展阶段的实际情况出发，崇尚经济自由主义，主张充分发挥市场机制的效率，让"看不见的手"来调节经济发展。他认为，资本主义生产方式是自然的、合理的、永恒的制度，比封建制度更优越，自由地发展资本主义、增加财富有利于生产的发展，并且坚信自由竞争市场努力的自发作用能够保证经济生活的协调和稳定增长，反对国家对经济生活的干预。根据斯密的生产性劳动与非生产性劳动理论，政府支出是一种非生产性支出，不能给国家带来财政的增长，因此必须加以限制，但是不能取消，因为他们对社会的公共需求是有益和有用的。因此，政府的职能是充当为自由竞争市场经济创造良好外部条件的"守夜人"，如维护国

---

① 中共中央马克思恩格斯列宁斯大林著作编译局．马克思恩格斯全集：第8卷［M］．北京：人民出版社，1961：389.

防、维护社会秩序、发展公共事业等。斯密认为，政府"只有三个应尽的义务，第一，保护社会，使其不受其他独立社会的侵犯。第二，尽可能保护社会上各个人，使其不受社会上任何其他人的侵害或压迫，这就是说，要设立严正的司法机关。第三，建设并维持某些公共事业及某些公共设施"①。与这三项政府职能相对应的经费是：国防义务——国防费，司法行政义务——司法费，公共设备及土木工程义务——公共土木事业费。这样，在限定的政府职能范围内制定出最低限度的预算规模，并制定向公共部门提供资材、服务内容与向公共部门提供资源的比例，这就是斯密所谓"最低限度的政府"。其中，斯密主张政府支出的重点在公共设施和工程上，即公共性事务需要方面。斯密从其"廉价政府"和"夜警国家"论出发，主张严格控制政府支出规模，反对预算赤字，力求预算平衡，预算平衡原则在收支安排上的体现就是"量入为出"，即根据政府收入来计划政府支出。"量入为出"是建立在"以支定收"的基础上的，这与"廉价政府"的观念是匹配的。

斯密之后的古典经济学家，如李嘉图（David Ricardo）沿用了斯密的观点，将国家经费几乎全部都看做非生产性的消费，是对资本的侵蚀，反对过量发行公债，主张在正常收入条件下的量入为出，以求达到预算平衡。

当收入和支出在数量上相当时，是为预算平衡。收入超过支出就形成结余，通常可以用于抵偿国债或其他需要。在自由竞争资本

---

① 亚当·斯密. 国民财富的性质和原因的研究：下卷 [M]. 王亚南，译. 北京：商务印书馆，2009：253.

主义时代，国家预算在大多情况下都有结余，这样就形成了国家财政和货币流通一定程度的稳定性，在流通中纸币可以换成金币，有可能逐步地相对地扩大税收。在 19 世纪末以前，剩余价值再分配所依据的原则还是保持预算的平衡，最大限度地缩减支出，尽可能少地使用外债。在这个时期，宪法赋予国会根据拨款法案进行开支的权力。国会具有控制政府执行机构预算的权利。国会禁止总统或政府机构在得到国会批准之前使用预算资金。各机构的具体单项支出也要得到国会拨款法案的批准。国会当时没有对预算支出做出任何特殊规定，只是要求每年的预算支出不能超过预算收入。1789—1916 年，2/3 的年份都坚持平衡预算的标准，只有战争年代除外。预算平衡标准是与小政府同时存在的。它要求各年政府规模不能有大的变化。政府剩余价值再分配增加的主要原因是地域扩大和人口增加。后来南北战争导致国会内部的分割，以及联邦支出和和平时期赤字的急剧增加，结束了国会和总统之间不能相互制约的局面。立法权的分割，使得总统管理联邦财政的权限受到了制约。那么在资本主义发展到垄断阶段的时候，预算情况发生了深刻的变化，预算支出超过收入的赤字逐渐膨胀。

三、剩余价值再分配向预算赤字的过渡

　　19 世纪末 20 世纪初，资本主义社会进入垄断时期，出现了许多新现象。列宁在《帝国主义是资本主义的最高阶段》中写道："帝国主义是发展到这样一个阶段的主义，在这个阶段上，垄断组织和财政资本的统治业已确定，资本输出具有特别重大的意义，国家托

拉斯已开始分割世界，最大的资本主义国家已把全球领土瓜分完毕。"①

自由资本的资本主义发展成垄断资本主义，这不仅体现在经济、政治、资本主义国家内部以及世界舞台上阶级力量的分布方面，而且在剩余价值再分配方面也发生了深刻的变化。

生产和资本的集中，工业资本和银行资本融为一体，剩余价值再分配资本和金融寡头的形成，资本的输出，已瓜分世界的再分割，都在资本主义国家里产生了深刻的矛盾，并决定了资本主义国家加强政治、经济和社会活动的必要性。垄断资本主义的特殊特征在国家的剩余价值再分配中得到了反映，国家所积聚的剩余价值部分不断增长。国家的剩余价值再分配职能对垄断资本来说成为必需。这时，国家职能得到空前的扩大，资本主义国家从"夜警国家"一跃成为"全能的统治者"。它控制着相当大的一部分社会财富，支配着国民经济的各个领域。

"垄断既然已经形成，而且操纵着几十亿资本，它就绝不可避免地要渗透到社会生活的各个方面去……"② 垄断组织已经成了垄断资本主义最深厚的经济基础。垄断资本不断集中是国家垄断资本主义所固有的特征，这种集中是为保持和加速资本积累过程所必需的。在以美国为代表的新兴资本主义国家里，垄断组织的出现特别迅速，并且把经济、政治、财政置于自己的影响之下。因此，国家的剩余

---

① 中共中央马克思恩格斯列宁斯大林著作编译局. 列宁全集：第 22 卷 [M]. 北京：人民出版社，1958：259.

② 中共中央马克思恩格斯列宁斯大林著作编译局. 列宁全集：第 22 卷 [M]. 北京：人民出版社，1958：229.

价值再分配对资本主义再生产过程发生显著影响。

在垄断资本主义阶段，国家剩余价值再分配的结构发生了变化。国家竞争的加深、斗争的加剧，以及力图重新分割已被分割的世界，导致了帝国主义国家之间政治矛盾的尖锐化。在所有帝国主义国家中，维持国家机构和司法机关的支出也在不断增加，如在英国，这种支出从 1900—1913 年增加了 70%。

除了传统的军事警察支出和行政机构支出的增加外，干预经济的费用也增长了，这是由资本主义矛盾的加深和生产力发展的全部进程而引起的。在阶级矛盾尖锐化和革命运动高涨的条件下，资本主义国家不得不对某些社会项目给予拨款，如教育、社会救济和社会保险、公共运输、供水等。

资本主义国家职能和政府规模的扩大导致了平衡预算原则有所淡化。1894 年到 1915 年短短 22 年美国联邦政府就发生了 14 次赤字，这些赤字与 1898—1900 年西班牙和美国的战争及经济衰退有关。第一次世界大战爆发后，军费激增更是扩大了政府支出。为此，资本主义国家不得不强化国家预算赤字，广为运用国家信贷，结果积累了庞大的债务。一战结束后，削减债务成为政府平衡预算的主要目标。以美国为例，国会认为需要建立一个强大的总统领导体制以控制支出增长。为此，国会通过了《1921 年预算与账户法案》，建立了总统预算体系。总统在控制联邦支出方面发挥重要作用。结果整个 20 年代，联邦政府也没有发生一次赤字，这也是 20 世纪最后一段连续平衡预算的时期。

但是，寡头垄断繁荣发展的背后是波澜起伏的危机。从 1900—

1926 年这 27 年共发生过 8 次经济危机,平均每 39 个月一次,也就是每 3 年发生一次。在工业垄断资本占优的情况下,农业领域备受冲击。农产品价格下跌、运费昂贵、赋税沉重,同时因为美国政府对工业品实行关税保护政策,本国的农产品在国际市场也遭到关税保护的报复,因此丧失了大量的国外市场。而美国国内工业企业实行垄断,抬高价格,就使得工农业"剪刀差"不断扩大。内外夹击的情况导致了美国 20 世纪 20 年代农业的大萧条。被忽视的这些现象并非空穴来风,而是酝酿着一场全面的危机。

四、"大萧条"对平衡预算的冲击

第一次世界大战结束后,国际金本位制在 20 世纪 20 年代又得以恢复。黄金美元价格比战前水平高出 30%,使得国际货币体系中的黄金储备相对长期稳定的要求而言显得过于不足。这时,美国的"廉价货币政策"带来了美国经济的繁荣发展。但到 1927 年后,美国金融市场进入危机前的"非理性繁荣"时期。由于以上原因,20世纪 20 年代末期,一些主要资本主义国家采取通货紧缩政策,而这一紧缩过程被金本位制传递到世界各地。随着银行业和货币危机引发了一场国际性"黄金争夺战",最初温和的通货紧缩开始加剧和发酵。黄金对外汇储备的替代以及对商业银行的挤兑导致货币升值,进而引起了国内货币供给急剧下降。伴随紧缩货币而来的是价格、产出和就业的降低。1930 年资本主义世界性的经济危机全面爆发。

大萧条给美国经济造成了沉重打击。在 1929—1933 年,国民生产总值下降了 30.5%;工业生产指数下降 38.5%;失业人数达到

850 万，失业率高达 24.9%。银行因为客户不能偿还债务而难以周转，纷纷倒闭，最多时有 5100 家，储户因此损失了几十亿美元。

以胡佛总统为首的美国开始对危机的严重性认识不足。胡佛（Herbert Clark Hoover）是个坚定的自由主义者，坚持认为政府对经济的干预应该保持在最低限度，政府的主要职责在于为私人企业创造良好的发展条件，而失业救济等问题应该由地方政府和慈善组织来承担。他还坚持，即使在危机中保持联邦预算收支平衡仍然是绝对必要的条件，极力反对赤字预算，力求通过增税来平衡预算赤字。因此，胡佛把税率提高到美国历史上和平时期的最高水平。面对这次危机，胡佛总统最后采用了紧缩性的财政政策来试图让国家摆脱困境。事与愿违，美国经济的持续恶化使得民众尤其是卡塔尔公司丧失了对胡佛政府的信心，转向支持主张政府干预经济的以罗斯福（Franklin Delano Roosevelt）为代表的民主党。

罗斯福的"新政"给美国经济带来了希望，它试图通过一系列扩张性的财政政策和政府全面介入等干预经济制度运行的政策手段，人为地推动经济体系恢复正常运行。罗斯福并不是一开始就放弃了平衡预算，也不认为故意安排赤字预算在经济政策中是一种充分和适宜的做法。然而由于其他复苏经济的策略效果不佳，政府才最终彻底放弃了预算平衡的理念，接受了以扩大财政支出弥补私人总需求缺口为主要特征的财政政策[1]。联邦政府开始大规模地介入剩余

---

① 学界出现了一种新的认识，认为罗斯福"新政"并非美国财政政策由平衡财政向赤字财政的一个重要节点，而是面对大规模的财政赤字，新政重新塑造了自己的预算平衡理念，参见刘畅的《美国财政史》（2003）。

价值的过程，想要通过政府干预的方式重新安排美国的产权结构，建立社会福利体系。

如果说罗斯福"新政"从实践方面开启了赤字财政进行国家干预的先河，那么凯恩斯（John Maynard Keynes）则在理论上为国家利用财政杠杆实行干预扫清了道路。凯恩斯在其著作《就业、利息和货币通论》中指出，资本主义市场不存在一个私人利益转化为社会利益的"看不见的手"，也就是说资本主义经济并不是总能够通过自有竞争而保持平衡的。资本主义经济危机就表明了总供给和总需求不能保持平衡，其原因是有效需求的不足。因此，他认为，要实现充分就业，扩大再分配的剩余价值来源，就必须由国家对经济进行干预。为此，他提出了一整套经济政策主张，扩大剩余价值再分配，刺激消费，增加投资需求，使总需求和总供给达到充分就业的均衡。

发行公债是解决有效需求不足的良策。运用举债方式来扩大政府支出，能增加社会消费和投资需求，进而增加国民收入和就业机会。凯恩斯指出，"举债支出虽然'浪费'，但结果倒可以使社会致富。如果政治家因为受古典学派经济学之熏染太深，想不出更好办法，则建造金字塔，甚至发生地震、战争等天灾人祸，都可以增加财富"[1]。他还进一步指出，举债支出有两方面的目的，一是增加投资，二是增加消费倾向[2]。他又进一步说明："'举债支出'这一名

---

① 凯恩斯. 就业利息和货币通论［M］. 徐毓，译. 北京：商务印书馆，1977：109-110.

② 凯恩斯. 就业利息和货币通论［M］. 徐毓，译. 北京：商务印书馆，1977：109.

词，包括政府用举债方式来兴办的投资事业，以及其他用举债来维持的经常支出。严格说来，后者应当算做负储蓄，但政府做负储蓄之动机，与私人储蓄之心理动机，并不相同。'举债支出'是一个很方便的名词，包括一切政府举债净额，不论举债的目的是兴办资本事业，或弥补预算的不足。前者增加投资，后者增加消费倾向。"①政府的举债支出如果不能满足以上两个用途时，甚至可以使用一些不合理的办法，如"设财政部以旧瓶装满钞票，然后以此旧瓶，选择适宜深度，埋于废弃不用的煤矿中，再用垃圾把煤矿塞满，然后把产钞区之开采权租于私人，出租以后，即不再闻问，让私人企业把这些钞票挖出来，如果能够这样办，事业问题就没有了，而且影响所及，社会之真实所得与资本财富，大概要比现在大许多"②。除此之外，他甚至还主张政府应当从事扩充军事备战，增加军费支出，从而刺激生产，增加部分就业，并给大企业有保障的利润和军火销售市场，以延缓经济危机的爆发。

政府举债实质上是赤字预算，通货膨胀是其必然的结果。但在凯恩斯看来，通货膨胀本身就是克服危机、增加就业的一项措施，一方面它可以减低利息率，使之与资本边际效率相适应，可以避免或减少经济的不景气；另一方面，通货膨胀和物价上涨可以降低工人的实际工资，有助于增加私人企业的投资，从而解决"非自愿失业"。所以，他是倡导利用一定的通货膨胀来保证充分就业的。

凯恩斯理论是在 1936 年面世后，即"新政"后期才开始对实践

① 凯恩斯．就业利息和货币通论［M］．徐毓，译．北京：商务印书馆，1977：110.
② 凯恩斯．就业利息和货币通论［M］．徐毓，译．北京：商务印书馆，1977：110.

发挥作用的。当然，这种影响是间接的，主要是通过罗斯福的智囊团或联邦政府内部接受凯恩斯思想的官员，从而对罗斯福施加影响的。在这些人的影响下，罗斯福在 1938 年做出了扩大政府支出计划的重大财政决策，美国的经济形势也因此逐渐好转。国会中开始活跃的保守派，要求减少联邦政府的权力，扼杀了许多以改革为方针的社会计划。然而珍珠港事件的爆发又使局势急转直下，整个国民经济转入战时轨道。

五、二战时期的剩余价值再分配

第二次世界大战爆发后，美国步入了特殊的战时统制经济状态。战争对资源的消耗异常惊人，从 1940—1946 年，美国财政总支出约为 3875 亿美元，其中国防支出为 3299 亿美元，再加上间接用于战争目的的财政支出，总额将达到 3600 亿美元，约占二战时期美国联邦财政总支出的 95%。这都是战时特殊条件的结果。战争时期，如此规模的联邦财政支出连年引发巨额的财政赤字。比如，1944 年联邦财政赤字最高占到预算支出总额的 57%。但奇怪的是，大规模的财政赤字没有引发通货膨胀，美国的失业人员下降到 2% 以下，民众的生活水平反而超过了 1939 年。而且，联邦财政支出膨胀对私人消费支出的挤出效应并不十分明显，虽然私人对耐用消费品的购买力受到战时物资管控的影响有所下降，但是这一部分被非耐用消费品购买力的增长抵消。这种现实被凯恩斯主义者解读为凯恩斯理论的成功。也就是说，凯恩斯的赤字财政政策理论在第二次世界大战时期经受住了考验。

美国创造的战时经济奇迹是凯恩斯赤字财政政策理论的产物，它是通过战时的统制经济实现的。这种统制经济是计划调节的一种形式。统制经济表明国家对经济的干预已经达到了相当高的程度。统制经济有着非常明确的经济目标。船舶、飞机和坦克等的生产目标通常都是由总统直接确定的。广泛的政府干预触及物价、工资、工时、运输管制、食品和能源供应等各个方面。服务选择系统和战时人力动员委员会负责分配人力资源。处于最上层的是中央协调局。计划调节的一切要素似乎都已经具备，包括政策目标、政府对基本社会部门的管制、进行协调的适当机器。

二战期间，美国剩余价值再分配属于统制经济的范围，由联邦政府统一计划。剩余价值再分配主要集中在军事支出、工业支出和科技支出三方面。扩大军队规模、建设军工企业和生产武器等使得美国的军费开支激增。早在1940年，罗斯福在致国会的一篇特别咨文中列举了一系列新的建议措施，要求国会追加拨款，三年供给5.1亿美元。这项额外支出的大部分规定用于扩建空军，其余用于增添陆军设备，使工厂熟悉军工生产过程，建造和改进海军基地，以及加强美国陆军，保护夏威夷和巴拿马的防线。此外，美国联邦政府还给承担军事生产任务的私人企业提供担保贷款。在工业生产方面，美国花费巨资刺激国内矿产品的生产，而且还加强了争夺世界战略矿物资源的力度。在军事科技方面，美国为了扩大自身在这方面的优势，于1941年成立由总统直接领导负责的科学研究和发展局，负责审批所有科研项目经费，并对国内的科研机构进行整合。从1941年到1945年这5个预算年度中，联邦政府用于科技研发的经费就达到了 35 万亿美元。这些先进的科研成果都是为军事战争而服务的。

二战还未结束，挽救美国走出危机泥潭的罗斯福总统于 1945 年 4 月逝世了，之后由杜鲁门继承总统职位。而杜鲁门总统所继承的新政观念没有超过凯恩斯的"掮客国家"。

第二节　第二次世界大战后到 20 世纪 70 年代的国家剩余价值再分配

一、第二次世界大战后到 20 世纪 50 年代的"补偿性"政策

二战结束后，美国经济的繁荣发展可以概括为"凯恩斯时代"。凯恩斯主义彻底统治了美国经济学界，成为联邦政府指导经济的灵魂。当然，凯恩斯主义应时代变化也有了新的发展。从战后到 50 年代，美国出现了一些新的现象，这与凯恩斯所研究的 30 年代的大危机和长期萧条的局面已经有所不同，如通货膨胀逐渐成为困扰各国的新问题。凯恩斯提出的针对危机的以扩张性为基调的剩余价值再分配政策就显得不合时宜。因此，凯恩斯主义者阿尔文·哈维·汉森（Alvin Harvey Hansen）在积极传播凯恩斯理论的过程中，认为既然资本主义经济发展是周期性的由繁荣到萧条的上下波动的过程，那么剩余价值再分配政策就不会是一成不变的，而要根据现实经济的状态，交叉使用紧缩性和扩张性剩余价值再分配政策，这就是财政政策的"补偿性"。

"补偿性"政策是赤字财政和盈余财政结合在一起的政策，其主

要内容是赤字预算和经济萧条相结合，盈余预算和经济繁荣相搭配，以此来解决经济周期的波动问题。出发点就是所谓"周期性平衡"观。该观点就是抛弃了预算的年度性特点，把过去通行的以一年为期的年度预算改为长期平衡——在资本主义经济周期运转中实现平衡的预算概念。后者认为，预算平衡是一种趋势，从一年或几年来看可能是不平衡的，但从一个周期来看则可能是平衡的。只要萧条时期因扩张性财政政策而发生的预算赤字能够被繁荣时期紧缩性政策而产生的预算盈余所抵消，求得经济的稳定增长，就不必担心赤字，也就不必强求年年预算平衡，只要在一个经济周期内能够实现收支平衡即可。"补偿性"剩余价值再分配政策所讲的"补偿"是指用剩余价值再分配的增加或减少来补偿私人消费的减少或增加。

根据"补偿性"剩余价值再分配政策原则，政府在安排预算支出时，就不能把平衡预算这一传统信条作为总则，而要按私人支出的数量来安排政府预算，使得私人支出和政府支出的总额保持在能达到充分就业的水平。由此而产生的预算赤字，可以用繁荣时期政府紧缩支出所产生的盈余来弥补。

具体的表现就是在经济萧条时期，即有效需求不足的情况下，如果增加剩余价值再分配，包括扩大公共工程支出，增加政府购买和转移支付等，这样就可以刺激居民消费和促进厂商投资，提高总需求水平，从而有助于摆脱萧条。同样，如果政府实行减税，居民将会有更多的可支配收入，消费支出就会增加，企业也会积极地扩大投资，从而提高总需求水平，有助于萧条的克服。而在经济繁荣时期，即总需求大于总供给的时候，如果政府压缩剩余价值再分配，包括削减公共工程支出，减少政府购买和转移支付等，就能抑制居民消费和限制厂商投资，降低总需求水平，从而有助于消除通货膨胀。同样，如果政府实行增税，居民留下来的可支配收入就会减少，消费支出将会减少，企业也将会减少投资，从而降低总需求水平，有助于消除通货膨胀。

汉森还提出了可供政府选择的三种剩余价值再分配政策模式：一是依靠公债调度资金的赤字支出方法。二是依靠赋税调度资金，增加财政支出使所得扩张方法，即为了增加新预算平衡的税收，应提高税率，其结果将在新所得水平上既减少储蓄，也减少消费。三是以大幅度减税谋求增加民间消费与储蓄，以使消费所得扩大方法。这样做的结果是减少了赋税而财政支出是一定的，所以会产生财政赤字，其数额将由增加的储蓄和游资来弥补①。

以上"补偿性"的政策在汉森看来能避免经济的一盛一衰，消除经济周期波动，实现稳定增长，并使资本主义实现国民经济发展的"计划化"。被他称作"经济计划大宪章"的美国1946年就业法案充分体现了这一政策的精神。

1946年2月20日，美国总统杜鲁门签署了1946年就业法案。这部法案是在特定的背景下诞生的。根据凯恩斯主义的理论，美国经济在战后面临的主要问题是对劳动力的需求不足，而就业不足必然会使消费需求下降，导致生产严重过剩，由此又大大影响投资需求的扩大，这样就形成了一种恶性循环。因此，要避免重蹈1929—

---

① 武普照. 近现代财政思想史研究［M］. 天津：南开大学出版社，2010：197-198.

1933 年的覆辙，关键就在于如何千方百计地实现所谓"充分就业"。而 20 世纪 30 年代和战时的经验表明，只有国家才有可能承担起这个重任。1946 年就业法案就是以实现"充分就业"为中心创立的，它的目的是企图通过保证对劳动力的高水平和不断增长的需求，来避免大萧条在战后重演。

1946 年就业法案开宗明义地讲，它是美国政府"发布的关于就业、生产和购买能力以及其他目的的全国性政策"。法令的第二条明确规定："利用一切切实可行的手段……促进最大限度的就业、生产和购买能力，是联邦政府的一贯政策和职责。"[①] 这就是说，通过这个立法使得美国政府对经济的干预和它要达到的目的，具有了法定的性质。也就是说，这个法案的颁布从立法上表明了美国政府职能的一个重大改变：法律规定政府要对经济发展直接承担责任，并赋予它管理和调节经济的广泛权利，它越来越明显地充当起"总资本家"的角色。

在 1946 年就业法案确定了政府干预经济的合法地位后，美国联邦政府就试图利用"补偿性"政策来调节经济周期，使之既不过度繁荣，又不致陷入严重的经济危机中。与此相匹配的是罗斯福早在 1934 年提出的"复试预算"，即把预算分成两个部分：一是正常预算，包括政府通常固定项目的税收和支出；二是非常预算，指救济和经济复苏方面的开支，资金源于政府借款。在预算支出项目中，凯恩斯主义认为不宜利用正常预算安排的资金，而最好利用公共工

---

① 薛伯英. 美国政府对经济的干预和调节 [M]. 北京：人民出版社，1986：19.

程、住宅建设、失业保险、退伍军人津贴及军事支出等项目的资金，便于根据经济环境变化而随时增加或减少。

首先分析杜鲁门政府实行"补偿性"政策的情况。从1946—1953年，这是战后美国经济的短暂"繁荣"阶段。表3-1显示，联邦政府在8年的总收入达4078亿美元，平均每年509亿美元，绝大多数是税收。联邦政府支出共计4095亿美元，平均每年512亿美元，其中军费占支出的51.9%。8年财政年度中，盈余有5个年度，赤字有3个年度，相抵后赤字净额为15.7亿美元，国债也保持稳定水平，没有太大的变化。从"周期平衡论"的角度看，这个周期的赤字水平已经降到了较低的程度，即使在"繁荣"阶段，美国经济也难以逃脱暂时衰退的宿命。

杜鲁门政府在战后初期的复员过程中，曾一度削减军费，从而降低联邦政府的财政支出。联邦政府的军费支出直接从1945年的846亿美元下降到1948年的180亿美元，从而使得同期的联邦政府支出从952亿美元下降到365亿美元。而战后复员规模较大，这就加剧了美国在战时膨胀起来的庞大生产能力同战后日趋缩小的国内外市场之间的矛盾，导致了1948—1949年的美国战后第一次经济危机。面对如此情况，杜鲁门政府为了刺激经济回升，采取了扩张性政策，即减税措施。1948年《岁入法》的实施，减税47亿美元，这对缓解危机起到了一定作用，但主要是美国发动了朝鲜战争，才使美国经济渡过危机，重新出现虚假的繁荣。朝鲜战争爆发后，杜鲁门政府大力扩充军备，连美国政府的经济顾问委员也不得不承认：1950年6月开始的朝鲜战争，军事订货大量增加，把经济进一步推进到扩展阶段。为了抵付激增的军费支出，杜鲁门政府于 1950 年开征超额利润税，并提高所得税和消费税的税率。此外，他还提出了"战后救济计划"和"马歇尔计划"，大量向外倾销剩余物资，拼凑军事集团，强迫"盟国"扩军备战，从而为美国提供军火市场。

表 3-1 1946—1953 年美国联邦政府财政收支情况表 （单位：亿美元）

财政年度	联邦政府收入	联邦政府支出	盈余或赤字	国债
1946	435.37	617.38	−182.01	2694
1947	435.31	369.31	+66.00	2583
1948	453.57	364.93	+88.64	2523
1949	415.76	405.7	+10.06	2528
1950	409.40	431.47	−22.07	2574
1951	533.90	457.97	+75.93	2552
1952	680.11	679.62	+0.49	2591
1953	714.95	767.69	−52.74	2661

资料来源：《战后美国经济》编写组.战后美国经济［M］.上海：上海人民出版社，1974：161.

艾森豪威尔（Dwight David Eisenhower）是在 1953 年 7 月就任美国总统的，这时朝鲜战争还未结束。对艾森豪威尔经济政策产生影响的并不是像汉森和萨缪尔森（Paul A. Samuelson）这样的凯恩斯主义者，而是担任艾森豪威尔总统的经济顾问委员会主席阿瑟·伯恩斯（Arthur Burns）。他认为经济"衰退的种子在以前的恢复中就已埋下"①。因此，政府应该在经济达到高峰或衰退之前采取稳定行动

① 斯坦.美国的财政革命：应对现实的策略［M］.苟燕楠，译.2 版.上海：上海财经大学出版社，2010：292.

以保持经济的连续性，如果不是这样，最安全的方法是什么都不做。在此影响下，艾森豪威尔总统在使用财政政策方面是谨慎的。

在上任之初，艾森豪威尔面临的经济赤字并不严重，所以他认为经济的核心问题是通货膨胀可能带来的危险，因而实行了紧缩的财政政策，如削减军费等。紧缩的财政政策加剧了经济的不确定性，使得美国经济陷入了战后的第二次衰退，即1943—1954年经济衰退。为此，美国政府采取了一系列刺激经济复苏的措施，减税、放松信贷和鼓励投资等。但是这次经济复苏主要得益于私人消费的扩张，其中货币政策起了关键性作用。最初由耐用消费品和住宅商品等支出增加带来的经济繁荣很快引起了美联储的担忧——通货膨胀的发生，所以货币政策由松转紧。在货币政策紧缩的同时，财政政策也越来越紧缩。紧缩的财政政策加上货币政策对经济产生了抑制性影响，结果使美国经济又一次陷入了1957—1958年的衰退。这次衰退的一个重要特点是失业率升高和通货膨胀。因此，艾森豪威尔在20世纪50年代已经预先体验了20世纪70年代折磨美国的"滞胀"瘟疫了。考虑不断加重的通货膨胀，艾森豪威尔不敢轻率地使用赤字支出计划和减税来促进经济复苏。结果，政府在财政政策方面可以采取的反衰退措施就只有增加预算支出了。政府在人造卫星、公共工程等建设方面增加了大量的投资支出。在经济恢复的过程中，1958年联邦财政出现了20亿美元的赤字，1959年赤字更是高达130亿美元，这是当时和平时代最大的赤字。这次经济恢复仍然还是主要由私人部门带动。

随着经济的恢复，失业率从1958年的6.8%下降到1959年的

5.5%，可是物价水平继续上涨，消费价格指数居高不下。联邦政府再次采取了紧缩的财政政策来应付通货膨胀，从 1959 年财政年度的巨大赤字一下子转变为 1960 年财政年度的预算平衡，这在美国和平时期是前所未有的。结果财政紧缩导致经济在 1960 年 5 月陷入战后第四次衰退。面对经济衰退的局面，美联储适时地做出了反应，发出了信用松动的信号。相比之下，财政政策对衰退没有做出什么反应。联邦政府并不太担心衰退的危险，而是把希望寄托在美联储身上，认为在美联储的支持下私人部门会自动推动经济恢复。

综上所述，美国在战后到 20 世纪 50 年代所执行的"补偿性"政策就是在繁荣和萧条时期分别采用紧缩和扩张政策。这种政策在减轻经济波动、实现经济稳定发展和保证充分就业方面是发挥了重要的作用的。但不容忽视的是，无论紧缩性政策还是扩张性政策总是与经济危机相伴，从来不会消除经济危机，而且每次缓解危机的同时也孕育了下次危机发生的种子，这是我们需要深刻思考的问题。

二、20 世纪 60 年代的"增长性"政策

20 世纪 50 年代，美国主要接受了新古典综合派汉森的观点，主张"补偿性"的财政政策，试图保证经济长期稳定发展。但这样的政策还是不能避免经济危机的发生，1953—1960 年出现了三次经济危机，而且美国的经济增长缓慢，实际国民生产总值平均增长率约为 2.1%，远远低于当时苏联的 6.4% 的增长率估计数①。这一时期

---

① Pechman J A. Economics for policymaking：selected essays of Arthur M. Okun［M］. Cambridge：MIT Press，1983：427.

被称为"艾森豪威尔停滞"。

1961 年，肯尼迪出任美国总统，任命经济学家海勒、托宾、奥肯三人为美国总统顾问委员会文员，其中海勒为顾问委员会主体，另外还聘请萨缪尔森为非正式顾问。肯尼迪在 1 月 30 日发表的国情咨文中，对当时经济做了准确的诊断："现在我们国家的经济状况令人担忧。我们是在这样的情况下接掌政府的：长达 7 个月的经济萧条、3 年半的经济停滞、7 年的经济增长速度减缓以及持续 9 年的农场主收入减少。"① 为了克服肯尼迪描述的经济停滞，托宾、奥肯和海勒等人提出了"增长性"的财政政策。

"增长性"政策的主要内容是：不仅在经济萧条时期实行扩张性政策刺激经济恢复，而且在经济上升时期，只要实际国民生产总值小于潜在的国民生产总值，也要奉行扩张性的财政政策，人为地刺激总需求，以实现充分就业，促进经济增长。在财政政策方面，要从过分害怕赤字的恐慌中摆脱出来，实行赤字财政。具体政策包括减税，特别是削减个人所得税；实行投资赋税优惠来刺激投资；变更耐用消费品消费税的办法来刺激消费；根据失业的情况决定是否停止发放联邦失业津贴补助；扩大赤字财政支出；等等。伯恩斯和萨缪尔森曾经把"增长性"财政政策总结为，"这个学派的中心教义是：商业周期的阶段与健全的经济政策没有什么关系；政策应该是增长取向的而不是周期取向的；最重要的问题是实际产出和潜在产出之间的缺口是否存在，当缺口存在时，应该使用财政赤字和货

---

① 斯坦 . 美国的财政革命：应对现实的策略［M］. 苟燕楠，译 . 2 版 . 上海：上海财经大学出版社，2010：386-387.

币工具来促进（经济）扩张；倘若在刺激过程中没有形成向上的较大通货膨胀压力，那么必须保证刺激足以调补缺口"①。

20世纪60年代，肯尼迪政府尽管接受了"增长性"政策，但在实行过程中遇到了重重阻碍。以海勒为代表的流行观点是，政府支出的增加较减税具有更大的乘数效应，当然这仅是从理论上得出的结论。这种措施在当时的背景下，实施过程中的难点就在于国会。国会可以在政治上否定措施的实行。所以，只能求助于减税来刺激经济。同时，减税也可以达到伯恩斯预定的美国20世纪60年代财政政策的重要目标，"即使用一切办法激发个人的借款能力"。经过激烈的争论和一段时间的酝酿后，肯尼迪政府才形成了同意减税的潜在基础，终于在1962年6月7日肯尼迪总统做出了实行减税的承诺。由于存在一系列问题要解决，这其中包括一揽子税法修订方案中的税制改革，以及减税带来的联邦支出水平等问题，导致减税措施的拖延。减税直到1964年2月26日约翰逊总统就任后才签署立法。

《1964年税收法案》这部减税法案被约翰逊宣称为"自第二次世界大战以后，我们所采取的旨在加强我们经济实力的最重要的措施"②。在法案通过后，约翰逊政府还在探讨在平衡的、充分就业的经济背景下的平衡预算。但是1964年减税取得了显著成效，不仅扩大了总需求，增加了国民产出，而且降低了失业率，增加了生产能

---

① BURNS AF, SAMUELSON PA. Full employment: guideposts and economic stability [J]. Books, 1967: 31-32.
② Campagna A S. U. S. national economic policy, 1917-1985 [M]. New York: Praeger, 1987: 307.

力利用率。所以 1965 年年底，在实现充分就业后，平衡预算的目标就逐渐消失了。总的来说，"增长性"政策带来了美国经济的快速增长，仅 1964 年和 1965 年，国民生产总值增长率就分别达到了 7.1% 和 8.3%。经济发展的同时又酝酿着新的危机。

1965 年，约翰逊政府悍然发动越南战争，不断增加军费支出。到越战高峰的时候，军费增加到 855 亿美元，占政府支出的 46%。为了应付扩大的军费支出，并且缓和投资等增长后对市场的"过度需求"，一度减税刺激经济的约翰逊政府，又不得不采取比较紧缩的财政政策。1967 年，约翰逊政府提出了为筹措战争经费而大量增税，对个人所得税应交税额征收 10% 的附加税。但增税还是不能弥补日益扩大的联邦政府支出，1968 年的赤字打破了战后纪录。1969年美国政府在巨额财政赤字和严重通货膨胀的威胁下，不得不以"平衡预算"为号召，采取削减军费、增加税收、提高利率和收缩信贷等紧缩措施，企图控制通货膨胀。美国经济再次走到了危机的边缘。

第三节　20 世纪 70 年代以后的国家剩余价值再分配

一、"滞胀"和凯恩斯主义赤字政策

20 世纪 70 年代，美国经济呈现生产停滞和通货膨胀并存的状况，即所谓"滞胀"。经济"滞胀"是美国应付 20 世纪 60 年代战后

第五次经济危机的结果。1969 年，美国政府为制止越南战争引发的通货膨胀而采取了紧缩性政策，结果适得其反，触发了"经济衰退和通货膨胀并发症"。随着经济危机日益严重，政府被迫逐步把紧缩政策改变为扩张政策。1971 年年初，公开提出扩张性政策，采取扩大政府支出，大搞赤字财政，实行加速折旧，减少税收等措施，企图刺激经济回升。施行扩张性政策的结果是，1971 年度的联邦政府收入减少了 53 亿美元，支出增加了 148 亿美元，赤字激增到 230 亿美元（见表 3-2）。

表 3-2　1965—1972 年美国联邦政府财政收支情况表　　（单位：亿美元）

财政年度	联邦政府收入	联邦政府支出	盈余或赤字	国债
1965	1168. 33	1184. 3	−15. 97	3173
1966	1308. 56	1346. 52	−37. 96	3199
1967	1495. 52	1582. 54	−87. 02	3262
1968	1536. 71	1788. 33	−251. 62	3476
1969	1877. 84	1845. 48	+32. 36	3537
1970	1937. 43	1965. 88	−28. 45	3709
1971	1883. 92	2114. 25	−230. 33	3981
1972	2086. 49	2318. 76	−232. 27	4273

资料来源：《战后美国经济》编写组. 战后美国经济 ［M］. 上海：上海人民出版社，1974：167.

在危机重重的形势下，美国政府于 1971 年 8 月 15 日宣布实行"新的经济政策"。其中有关剩余价值再分配的措施有：冻结全国工资物价 90 天，减少对外经济援助 10%，征收 10% 的进口附加税，以及对购买机器和设备的公司给予三年内投资减税 7% 的优惠，等等。

这些措施的目的是强行压制通货膨胀，同时以减税等办法来鼓励投资，增加利润，刺激经济，以摆脱经济危机。在工资物价冻结期满后，美国政府又实行所谓"新的经济政策"国内措施的第二阶段，把对工资的冻结改为管制。

　　扩大政府开支和减税等方法虽然对经济回升有一定的刺激作用，但由此产生的巨额赤字带来了更加严重的通货膨胀。表3-2的数据显示，1972年财政年度联邦政府的军费和民用开支都比上年度要高，支出总额达到2319亿美元，比1971年度增加了9.7%，赤字达232亿美元，也比上年有所增加。由于连年的赤字，1971年财政年度国债增加了272亿美元，1971年度又增加了292亿美元，这些都打破了美国战后国债增长的纪录。在国债猛增的情况下，1971年和1972年的货币供应量分别比上一年增加了6.2%和8.2%。通货膨胀引起物价不断攀升，表3-3中的数据表示，1970年的消费价格指数增长率是5.5%，1971年和1972年的增长率都保持在3.4%，尤其是食品价格高居不下。

　　由于控制通货膨胀的管制制度没有达到预期的目的，美国政府在1973年1月宣布继续实行工资和物价管制计划，并且要求国会在1973年4月30日"经济稳定法"执行期满后，把它的有效期再延长一年。尽管采取了各种各样的控制通货膨胀的措施，但是根据美国总统的预算咨文，联邦政府在1974年国家防务费用达到了810亿美元，比上一年度这一项目的概算数字增加6%，占预算支出总额的30%，如果再加上空间研究和技术费用31亿美元的话，这一年度的直接军费高达842亿美元。由于军费和民用支出的增加，1974财政

年度的支出总额是 2687 亿美元，比上年度增加约 8%，赤字约为 120
亿美元。由此看来，美国政府一直都在使用扩大政府支出的赤字财
政政策来刺激经济发展。对经济进行过度的人为刺激而产生了"通
货膨胀繁荣"，表 3-3 中，1974 年通货膨胀的水平达到了 12.2%，
创造了自 1970 年以来的最高水平，也标志着美国陷入战后第六次经
济衰退中。这次衰退主要是因为"滞胀"而导致的。经济增长率急
速降低，从 1973 年的 5.2% 到 1974 年的-0.5%，而失业率从 1973
年的 4.9% 上升到 1975 年的 8.5%。从此，"滞胀"作为一种世界性
疾病，迅速扩散到所有推行凯恩斯主义的西方发达资本主义国家，
同时呈现出一个显著的特点：哪一国推行凯恩斯主义最彻底，哪一
国遭受的"灾难"就越深重①。1976—1980 年，美国经济有所回升，
但是经济增长缓慢，而且在 1979 年又出现下降趋势。经济增长率从
1979 年的 2.5% 一度降到了 1989 年的-0.2%。同时，通货膨胀率却
持续上升，从 1976 年的 4.8% 到 1979 年、1980 年的 13.3%、
12.5%，重新回到了 1974 年的两位数水平。原因是卡特政府在 1977
年之前把财政政策作为对付失业的主要工具。随着通货膨胀的日益
加深，本来应该采取紧缩政策，但考虑到突然的财政紧缩会给经济
造成伤害，所以 1979 年提出了适度的扩张性预算。与预期相反的
是，1978 年经济增长稳定，失业率下降，通货膨胀有所加重。所
以，卡特（Jimmy Carter）决定实行紧缩政策来应付通货膨胀。但是
在反通货膨胀的过程中，卡特最终失败了，正如上面分析的一样，

---

① 刘涤原，王平洲. 后凯恩斯主义 [M]. 北京：商务印书馆，1992：210.

通货膨胀越来越严重。这些因素加上经济状况的恶化，最终导致卡特连任失败。

表 3-3 "滞胀"时期美国的部分经济指标表 （按 1982 年美元价格计算）

项目 财政年度	GNP 增长率 （%）	失业率 （%）	消费价格 指数增长率 （%）	财政赤字 （10 亿美元）	赤字/GNP （%）
1970	−0.3	4.9	5.5	7.4	0.3
1971	2.8	5.9	3.4	55.8	2.2
1972	5	5.6	3.4	53.5	2
1973	5.2	4.9	8.8	32	1.2
1974	−0.5	5.6	12.2	12	0.4
1975	−1.3	8.5	7	93.9	3.5
1976	4.9	7.7	4.8	120.9	4.3
1977	4.7	7.1	6.8	81.6	2.8
1978	5.3	6.1	9	84.1	2.7
1979	2.5	5.8	13.3	52.7	1.6
1980	−0.2	7.1	12.5	87.3	2.8

资料来源：陈共，昌忠泽. 美国财政政策的政治经济分析 [M]. 北京：中国财政经济出版社，2002：203.

从 20 世纪 60 年代末到整个 70 年代，以尼克松（Richard Mihous Nixon）、福特（Gerald Rudolph Ford）到卡特（James Earl Carter）为总统的美国政府是凯恩斯主义的信奉者。他们长期实行赤字的政策，作为刺激经济和"反危机"的重要举措。

在经济危机期间，美国通常采取一系列扩张性的政策来刺激生产的复苏和经济的回升。这些措施在经济周期的上升阶段也会实施，如"充分就业预算"，即使经济在上升发展阶段，在未实现充分就业时也可以实行扩张性政策，以期达到充分就业的目标。

扩张性政策在一定时间内可以扩大固定资本投资，增加个人消费支出，提高社会购买力，起到暂时刺激经济的作用，推迟及缓和经济危机的爆发。从长期来看，扩张性政策在提高生产能力的同时必然会引发通货膨胀。而通货膨胀发展到一定程度时，美国政府又不得不转向采取所谓"紧缩"政策，抽紧银根，提高利息率，缓和通货膨胀的发展。但在长期采取扩张性政策促进经济发展的条件下，收缩通货往往会成为触及经济危机的诱因。曾经有文章分析到，美国战后五次危机都是在各次危机前夕处于"繁荣"阶段，美国争相采取抽紧通货政策后爆发的。当紧缩政策诱发经济危机后，作为"反危机"的一项重要措施，美国政府又重新走上了扩张性政策的道路。这样又进入了另一个从"扩张"到"紧缩"的循环中。美国战后经济就是不断在这种循环中挣扎。正如恩格斯所指出的，"每一个对旧式危机的重演有抵消作用的要素，都包含着一个更激烈得多的未来危机的幼芽"①。

总的来说，风靡美国的凯恩斯主义赤字政策不再是解决"滞胀"问题的良方，而是使经济陷入了两难困境。如果采取扩张性政策来解决失业和经济停滞的话，就可能导致通货膨胀的进一步加剧。如果采取紧缩性政策试图降低通货膨胀时，则可能加剧失业和经济停滞问题。面对此困境，从20世纪60年代后期起，美国历届政府用尽浑身解数都无法摆脱"滞胀"的两难困境。1980年，卡特总统连

---

① 中共中央马克思恩格斯列宁斯大林著作编译局．资本论：第三卷［M］．北京：人民出版社，1966：258．

任竞选的失败，预示了凯恩斯主义彻底从"官方经济学"的宝座上衰落下来，沉入谷底。布林德（Daley Blind）曾经这样说过："到1980年左右，在40岁以下的美国宏观经济学家中，难以找到一个自认是凯恩斯主义者。这是10年以内的一个令人惊奇的学术上的转折，一次确切无疑的学术上的革命。"①

二、新自由主义的崛起

1981年，里根（Ronald Wilson Reagan）总统针对美国"滞胀"的问题，提出了以供给学派的论点为主要内容的"经济复兴计划"，使得供给学派声名鹊起，一跃取代凯恩斯主义成为美国的官方经济学。

供给学派的理论依据是"回到萨伊那里去"，把凯恩斯颠倒了的东西重新颠倒过来，集中关注供给方面，即"供给会自行创造需求"的萨伊定律。因此，首先，他们认为增加供给就要增加生产要素的投入和提高劳动生产率，而实现这一目的的途径就是改变人们可自由支配的收入。这样，刺激供给增加的根本办法是减轻税负。而减税的主张就是供给学派的理论精髓和重要政策主张。其次，在联邦支出方面，供给学派强调削减社会福利支出。庞大的社会福利支出严重影响了储蓄、投资和科研经费的增长，这也是造成巨额财政赤字的直接根源。当然，减少支出的目的是直接减少赤字，平衡预算。最后，减少政府限制，依靠市场调节。他们从萨伊（Jean Baptiste Say）

---

① 斯诺登，文，温纳齐克. 现代宏观经济学指南［M］. 苏剑，朱泱，宋国兴，等译. 北京：商务印书馆，1998：344.

等人自由放任的经济学说出发，反对政府对私营经济部门进行"不必要的干预和限制"。

里根总统在供给学派的影响下，形成了自己的经济思想，其中包括充分发挥市场机制的调节作用、限制政府支出、减税优先策略、预算平衡等。他上台后就把自己的经济思想付诸实践，于8月13日签署了减税方案，试图通过减税促进经济增长来实现预算平衡。但是，减税政策并未达到预期的平衡预算效果，反而在1982年财政年度赤字达到了GDP的4%，要求增税和减少国防支出的压力也大大增加。里根迫于无奈在1982年8月签署了《税收公平和财政责任法》，该法案计划中在未来三年中增加983亿美元的税收。1985年12月，国会通过了《格拉姆—拉德曼—霍林斯法案》，该法案将平衡预算赋予了法律的意义。根据规定，除社会保障支出和有收入调整的社会福利支出之外，国防支出和非国防支出都要同比例削减。此外，里根在第二任期内，为了增加财政和减少赤字，进行了税制改革，制定了《1986年税收改革法》。这部被认为是最重要的税收法，除了力图实现税制公平外，其目的还在于通过扩大税基，增加财政收入，从而减少赤字，实现预算平衡。但是到1988年，联邦赤字高达1550亿美元，经济再次陷入衰退中。

尽管里根在任期间，想尽力实现联邦预算平衡，但是未能如愿。在他卸任后，他遗憾地说："在削减联邦开支和平衡预算方面，我并不如我所期望的那样成功。这是我任总统时的最大失望之一。"[1]

---

① 里根.里根自传 [M].本书编写组,译.北京:东方出版社,1991:297-298.

继里根后，布什（George Herbert Walker Bush）总统 1990 年入住白宫后，为应付经济衰退的局面，提出了"一揽子预算法案"，主要内容有削减财政赤字、增加税收、削减联邦政府支出。法案的目的是增加供给，扩大投资，尽量消除经济中的通货膨胀，最终布什政府也没有达到这个目标。1990 年，美国财政赤字超过了 220 亿美元①。

三、新凯恩斯主义和平衡预算

供给学派的昙花一现和里根—布什经济政策的失误为凯恩斯主义的复兴提供了有利条件。1993 年，克林顿（Willian Jefferson Clinton）总统为了应付高赤字、高通货膨胀的经济局势，开始全面实行新凯恩斯主义国家干预政策，同时平衡预算也作为国家干预政策的一项重要内容，成为克林顿经济学的核心组成部分。因此，克林顿创造了"美国新经济"的辉煌政绩。

1. 新凯恩斯主义对凯恩斯主义剩余价值再分配政策思想的发展

新凯恩斯主义是 20 世纪 80 年代产生的一个经济学流派，主要代表人有哈佛大学的劳伦斯·萨默斯（Lawrence Henry Summers）和格雷戈里·曼昆（N. Gregory Mankiw）、哥伦比亚大学的约瑟夫·斯蒂格利茨（Joseph Eugene Stiglitz）、麻省理工学院的奥利维尔·布兰查德（Olivier Blanchard）和普林斯顿大学的本·伯南克（Ben Bernanke）等人。到 20 世纪 90 年代，新凯恩斯主义已经成了西方最有影响力的

---

① 秦嗣毅. 战后美国财政政策演变研究 [J]. 学习与探索，2003（2）：69.

经济学流派之一。

新凯恩斯主义继承了传统凯恩斯主义的基本信条，信奉国家干预经济的理论，在剩余价值再分配政策方面借助于预算收支的变化调节总需求，经济的目标是实现充分就业。但由于研究的基本理论前提、研究方法和面临的经济问题不同，二者的剩余价值再分配政策在思想方面还有很大的区别。

"滞胀"对传统凯恩斯主义提出了严重的挑战，所以，新凯恩斯主义在这些方面都有所发展。一方面，承认市场的不完全性，在此前提下，政府必须对经济进行干预，以达到消除市场失灵、提高资源配置效率，从而实现经济稳定增长的目的。另一方面，主张政府对经济的适度干预，也就是说，注重宏观调控的质量，如利用剩余价值再分配政策加强对教育、科研等方面的投资，在提高人口素质的同时，促进了经济的稳定发展。

2. 平衡预算的回归

与"凯恩斯时代"的历届政府不同，平衡预算理论在克林顿政府经济政策中占据核心地位。由于里根、布什政府期间积累了大量的赤字和国债，与此相联系的高利率挤占了私人投资，减少了个人消费，最终导致经济衰退。而巨额的赤字和债务又限制了剩余价值再分配的实施空间，因为政府没有足够的资金和政治上的支持来推行剩余价值再分配政策，因此削减赤字和平衡预算势在必行。

由于经济疲软，克林顿在第一任期内，采用短期财政刺激的办法来恢复经济、解决失业的问题。到第二任期内，考虑到美国经济迅速扩张，经济发展不再是首要解决的难题，克林顿政府决定削减赤字和缩减债务规模。而克林顿强调平衡预算的重要性是因为,他认为民众必须"认识到只有平衡预算才能保持低利率并促进经济增长,才不会给后代留下债务负担"①。因此,他要求平衡预算是以政府干预为前提的,而传统的平衡预算是自由放任的,缺乏政府的调节,导致赤字和债务的重负全部由政府来承担。当然,克林顿也认识到,不能为了降低赤字而牺牲未来。也就是说,不能为了预算平衡而平衡,在一些特殊的情况下实行预算赤字是可以的,平衡预算的终极目标还是让美国经济健康长远地发展。

1993年,美国国会通过了《综合预算调整法》,以此为契机,克林顿提出了联邦政府以预算平衡为目标,从此开始了紧缩性政策削减预算赤字的历程。克林顿为平衡预算做出的努力取得了预计的效果。1993年以来,联邦预算内赤字大幅度下降。到1998年和1999年时,预算外盈余不仅冲减了全部的预算内赤字,而且还实现了预算盈余,分别达692亿美元和1227亿美元。至此,美国经济进入了一个持续稳定的发展时期,被称为"新经济周期"。

四、供给学派的复兴

小布什(George Walker Bush)当选美国总统后,提出了一系列的减税法案,同时还大幅增加联邦政府支出,尤其是国防支出,重振了里根供给学派。但后果是美国经济结束了战后最长的稳定增长期。2001年,美国经济增长率降低,同时失业率上升,私人消费和

---

① 克林顿. 希望与历史之间 [M]. 金灿荣, 邱君, 张立平, 等译. 海口: 海南出版社, 1997: 5.

投资持续低迷。这些表现在财政方面是，联邦政府的财政状况迅速恶化，从克林顿政府时期的预算盈余转变为赤字。仅 2002 年的联邦财政赤字就高达 1590 亿美元。最严重的时候，赤字水平都可能接近里根政府时期。面对经济增长乏力的情况，小布什虽然不断重申实行减税政策，但是在第二任期中也必须面临现实的压力——削减财政赤字。

为了刺激经济的增长，美国相继出台了扩张性的剩余价值再分配政策。由于经济危机导致经济的迅速下滑，布什政府不得不采取扩张性的政策，即减税和赤字的政策。从此，美国的剩余价值再分配再次陷入紧缩性和扩张性政策的恶性循环。

第四章

美国国家剩余价值再分配的横向分析

第一节　美国国家剩余价值再分配的收入分析

剩余价值再分配的收入是国家收入的一部分。国民收入是国家收入的主要物质来源，即国家收入是在国民收入再分配的过程中形成的，这种再分配是通过国家的财政职能实现的。在资本主义条件下，国家为了对国民收入再分配并借以形成它需要的收入，常常采取的方法有税收、发行公债和货币（通货膨胀）。因此，税收、发行公债和货币同样是剩余价值再分配获取收入的途径。以下从这两方面来分析美国的剩余价值再分配的收入来源情况。

一、税收分析

税收是资本主义国家收入体系中占中心地位的，同时也是资本主义国家进行国民收入再分配的主要工具。因此，税收是资本主义国家剩余价值再分配来源的重要部分，是资本主义国家实现剩余价值再分配的主要工具。

　　从剩余价值分配的理论来说，资本主义国家的税收，不管是其课征形式还是结果，其本质都是剩余价值的分配形态，都是国家对一部分剩余价值的占有。如果说，个别资本家无偿占有工人的一部分劳动肯定是剩余劳动，并且它形成了剩余价值，那么，资产阶级的国家——集体的资本家——无偿占有工人阶级的一部分劳动也应该是剩余劳动，税收也就是资本社会中剩余价值的一种分配形态。

　　资本主义国家的税收采取了极为复杂的形式。在流通领域中，国家利用商品货币关系课征繁重的税；在分配领域中，国家不仅对工资课税，也对利润课税。其中，所有由利润构成的国家收入即是本书所研究的资本主义国家剩余价值再分配的来源。

　　资本主义制度下的税收可以分为直接税和间接税（见表4-1）。直接税是从纳税人的收入和财产中直接征收。而消费者在价格里支付的商品和劳务的税金属于间接税。其税金先集中在商品或劳务的所有者手中，然后再上缴国家。社会保险费产生于垄断资本主义，其在形式上与普通的税收有所不同，原因是它有专门的用途，即保障个人享有国家提供的各种社会服务。

　　从考察税收收入的来源看，联邦政府的收入来自个人所得税、社会保险税和公司所得税。以1996年联邦政府收入为例，全部政府收入为23290亿美元，其中个人所得税是771亿美元，社会保险税是695亿美元，销售和消费税是312亿美元，财产税和其他营业税是280亿美元，公司所得税232亿美元，其他是39亿美元①。而三

---

　　① 墨菲，希金斯．美国联邦税制［M］．谢学智，夏琛舸，张津，译．大连：东北财经大学出版社，2001：11.

大税种个人所得税、社会保险税和公司所得税分别占联邦政府收入的40.9%、40.2%和12.7%。而从工资和剩余价值的角度来剖析税收的话，就要从纳税主体或者负税人来进行分析。

表4-1 资本主义国家的税收分类表

直接税		间接税			社会保险基金费
1. 实物税	2. 个人税	1. 消费税	2. 国库专卖税	3. 关税	
土地税	居民所得税	个别商品的：	食盐税	按来源分：	雇佣劳动者社会保险费
房屋税	货币资本收入税	啤酒税	烟草税	入口税	资本主义企业（法人）社会保险费
铺面税	资本增值税	汽油税	酒精税	出口税	
有价证券税	公司利润税	……	……	过境税	
	超额利润税	营业税		按税率分：	
	财产税			特别税	
	继承与赠与税			从价税	
				混合税	

资料来源：包德列夫. 资本主义国家财政［M］. 黄京汉，黄江琳，袁宇彤，等译. 北京：中国财政经济出版社，1986：79.

1. 公司所得税

公司所得税是一种重要的直接税。马克思曾经指出，"直接税，作为一种最简单的征税形式，同时也是一种最原始最古老的形式，是以土地私有制度为基础的那个社会制度的时代产物"①。首先产生的是按土地、房屋征收的财产税和人头税。所得税是垄断资本主义时代的产物。随着"捐税不能通过关税和消费税来征收，那么只好直接按照财产和收入来征收了"②。直接税中的公司所得税是剩余价值再分配的重要来源。

公司所得税是对法人（股份公司、企业、垄断组织）收入征收的一种税。该税根据报税单位应税总利润额（已减去总利润中的扣除和折扣额）课税。生产、商业、运输等费用，广告费、代理费、亏损、债务的利息以及股息等均属扣除之列。根据资本主义国家的法令，公司享有各种各样的税收减免。免于课税的有各种不同的基金，例如，折旧基金、后备基金、科学基金、抚恤基金、慈善事业基金等，而这些基金都是建立在利润基础上的。这类基金和相应的机构已经成为大资产阶级，特别是金融寡头隐瞒个人收入和垄断公司利润的形式。在慈善基金会的掩盖下隐藏着的是一些拥有获利企业的控股公司，或者一些从事证券交易活动的金融机关。

尽管1969年的税制改革对以上操纵基金会的行为做出了一些规定。但是这些限制是微不足道的，使得这些基金仍然作为公司减少利润税额和金融寡头用以减少私人收入税额的最好手段之一。其中，公司的总经理、董事长等人的巨额奖金，本质上是对公司利润的一种侵占。

---

① 中共中央马克思恩格斯列宁斯大林著作编译局. 马克思恩格斯全集：第8卷［M］.
北京：人民出版社，1961：543.
② 中共中央马克思恩格斯列宁斯大林著作编译局. 马克思恩格斯全集：第12卷［M］.
北京：人民出版社，1962：143.

此外，税法对公司所得税还规定了许多打折扣的办法。例如，折旧提成制度，以及以开采工业导致矿藏耗尽为借口少缴企业利润税等。

从表4-2中可以看出，美国的公司利润所得税额从1913年的35百万美元到1969年的39858百万美元，这个数字在不断上升，但是它占税收总额的比重在第二次世界大战后逆转而下，1994年为全部税收的31%，到1969年下降为18.9%。

表4-2 美国联邦、州和地方的全部税收及公司所得税比例表

年份	税收 （百万美元）	公司所得税 （百万美元）	公司所得税占税收的百分比（%）
1913	2271	35	1.5
1938	12949	1498	11.6
1944	49025	15188	31.0
1950	51100	11081	21.7
1955	81072	18604	22.9
1965	145288	27390	18.9
1969	222708	39858	17.9

数据来源：达林. 第二次世界大战后美国国家垄断资本主义［M］. 本社翻译组，译. 生活·读书·新知三联书店，1975：364.

即使是在1969年税征收法通过后，即规定对慈善基金中可以带来利润的资产要按照其市价值征税4.5%，以及对其投资的收入征税4%，公司所得税占国家税收总额的比例依然没有太大的变化。图4-1中表征了1977—2012年，公司利润税额在不断增长，占税收总额的35%左右。从发展趋势来看，美国公司利润税的增长率保持着平

稳的水平，但是低于税收总额的增长率。因此，自从资本主义进入
垄断阶段后，垄断组织就试图利用各种合法和非法的手段来隐藏实
际利润，从而减少应缴公司利润税。

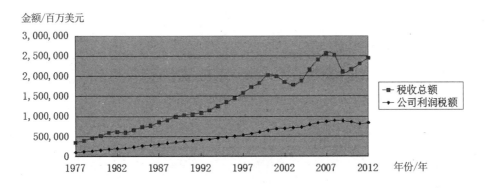

图 4-1　1977—2012 年美国税收总额和公司利润税额趋势图

数据来源：美国白宫预算管理办公室：http://www.whitehouse.gov/omb/budget/
Historicals.

以上是从公司所得税额占税收总额的比重考察公司利润税的问
题，接下来要从公司所得税在公司申报的利润总额的比重的角度来
分析。表 4-3 提供的 1910—1969 年美国公司的所得税及其申报的纯
利润的情况。表中所引用的数字包括了一些特殊战争危机时期的年
份，如 1910 年向公司征收的是初年消费税，到 1916 年才制定公司
利润税，1917 年、1951 年、1964 年和 1969 年都与战争有关系，
1929 年和 1932 年分别是危机前高潮的最高点和危机的最低点。第二
次世界大战后，工业公司利润规定为 52%，但是在 1964 年下降到
50%，而到 1965 年这个数字已经降到了 48%。除去第二次世界大战
和美国在朝鲜和越南作战的那些年份，公司利润税并没有超过 43%，
还有上面提到的其他税收折扣。

表 4-3　1910—1969 年美国公司的所得税与纯利润关系表

年份	公司申报的纯利润（百万美元）	利润税（百万美元）	超额利润税（百万美元）	税收总额（百万美元）	税收对纯利润的比例（%）
1910	3761	33	—	33	0.9
1916	8766	172	—	172	2.0
1917	10730	504	1639	2143	20.0
1929	11654	1193	—	1193	10.2
1932	2153	286	—	286	13.3
1939	8827	1216	16	1232	14.0
1943	28718	4479	11446	15926	55.5
1947	33381	10981	—	10981	32.9
1951	45333	19623	2549	22082	48.7
1964	64836	27644	—	27644	42.6
1969	91221	39858	2821	42679	46.8

数据来源：达林. 第二次世界大战后美国国家垄断资本主义 [M]. 本社翻译组，译. 北京：生活·读书·新知三联书店，1975：378.

　　尽管在财政困难的年份，资本主义国家实行超额利润税。它是按照法定时期内超过平均利润的部分进行征税，税率是比较高的。但税收收入仍然不大，原因是资本家逃税和避税。此外，公司利润税又可以通过物价上涨来转嫁，转嫁到购买其产品的消费者身上。部分利润税又转变为工人和职员的间接税。

　　2. 社会保险税

　　社会保险税是为保障美国社会保障制度的财政来源而课征的。美国实行社会保障计划源于罗斯福"新政"时期通过的《社会保险法》。起初只包括老年和遗嘱保险（Old-age and survivors-insurance），简称 OASI，以薪工税筹措老年人的退休金。薪工税收入专款专用，使得社会保障成为一种财务独立的制度。薪工税开始时只有 1%，雇主和雇员分别承担一半，并且税收基础仅仅是雇员的最初工资——3000 美元，适用的范围不是很广。后来，随着保险救济金水平、薪工税税率以及应纳税的工薪所得额与适用的职业范围都不断扩大，1956 年增加了伤残者保险（Disability-insurance），二者合称为 OASDI。

美国联邦的社会保险税是由联邦保险税、铁路公司退职税、联邦失业税和个体业主税组成的。前三种基本都是由雇员和雇主共同来承担，而个体业主税是按个体业主所经营的事业纯收益额计征的。社会保险税即劳动者缴纳的社会保险费，是从其工资和其他个人收入中直接扣除的。而资本主义企业所承担的那部分实际上可以通过提高生产费用增加到所生产的商品价格中，这样雇主所承担的保险税就通过价格机制转嫁到消费者身上。

从图 4-2 中，我们可以看到 1977—2012 年的美国政府在社会保险税方面的收入在不断上升。随着参保人数的日益增多，社会保险税的绝对数量也在增加，而且这部分收入在国家收入中所占的比重也在增长。如在 1966—1967 年和 1979—1989 年，美国社会保险税的收入增加 5.3 倍，而其比重从 16.6% 增加到 32.1%。这项收入额增长的速度超过了一般税收增长的速度。而社会保险税中的由雇主承担部分和雇员的非工资收入部分构成了剩余价值再分配的来源。尽管从统计口径上无法准确计算出工资和剩余价值的比例，但从总的发展趋势来说，我们可以估计社会保险税中的剩余价值部分也是在不断增长的。

金额/百万美元

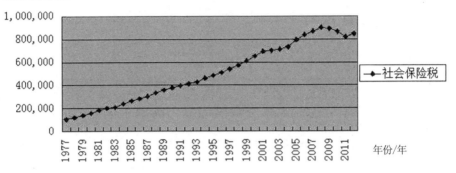

图4-2 1977—2012年美国政府社会保险税收入趋势图

资料来源：美国白宫预算管理办公室：http://www.whitehouse.gov/omb/budget/Historicals.

3. 其他税种中的剩余价值

个人所得税。美国的个人所得税课税范围除了工人和雇员的工资、薪金和退休金之外，还有独资或合伙经营取得的商业利润、农业收入、利息收入、股息收入、租金收入、特许权使用费收入、资本利得收入和其他收入。由这些构成的毛利还要扣除相应的项目才是个人所得税的计算基础，而税率又混淆了相应所得来源。因此，个人所得税从其所得来源看，其中必然包含着剩余价值。资本的本性驱使资本家千方百计占有利润，从而想尽办法逃脱和避免利润所得税。尤其是在垄断资本主义阶段，个人所得税制度逐渐暴露出缺点，导致所得税税收的大量损失。这表现在对储蓄与投资的优遇、房主的优惠、慈善捐款以及转移支付款的免税等方面。其中的受惠人群主要是资产阶级。据统计，1979年，美国税收损失1020亿美元，约等于实际收入估计数1900亿美元的54%。当然，损失的部分基本属于剩余价值的范围。

销售和消费税、财产和其他营业税以及其他各税中按照马克思的工资和剩余价值标准进行分析的话，肯定是二者兼有的，因为纳税主体和应纳税额有关系。鉴于这些税种在联邦收入的比重比较小，本书就不再做详尽的探讨和分析。

二、国债分析

国债是仅次于税收的剩余价值再分配收入的第二大来源。国债的本质是政府以信用方式筹措剩余价值再分配资金，来弥补赤字或用于特定用途的手段。美国联邦政府发行债务的最主要原因是为战争筹款，最早可以追溯到独立战争。之后的历次战争都要引起联邦债务剧增，尤其是第二次世界大战后军事支出的急剧增加导致联邦债务的巨额增加。

一方面，国债中的债权关系表现为国家以货币资金债务人的身份出现，而债权人为银行、政府机关、工业公司和保险公司等。在资本主义条件，作为剩余价值再分配筹划收入方法的国债在形式上和税收是不同的，然而这种不同仅仅是形式上的。国债的主要部分被分摊于垄断组织、大银行、大保险公司和信贷公司，只有小部分落在了工人身上。但是，究其社会本质来说，国债和税收是有着紧密联系的。马克思曾经指出，"借债使政府可以抵补额外的开支，而纳税人又不会立即感到负担，而借债最终还是要提高税收"①。其中的原因是税收是偿还和支付利息的来源。另一方面，国债和税收的

---

① 中共中央马克思恩格斯列宁斯大林著作编译局. 马克思恩格斯全集：第 23 卷 [M].
　　北京：人民出版社，1972：824.

相互关系还进一步表现为：国债还会不可避免地导致进一步增加预算赤字，由于当年财政年度收入的不足，迫使政府不得不发行新的国债来弥补。马克思深刻地总结了这个问题："由于债务的不断增加而引起的增税，又使政府在遇到新的额外开支时，总是要借新债。因此，以对最必要的生活资料的课税（因而也是以它们的昂贵）为轴心的现代财政制度，本身就包含着税收自行增加的萌芽。过重的课税并不是一件偶然的事情，倒不如说是一个原则。"① 国债体系发挥作用的必然后果就是进一步增税。从这个意义上来说，国债和税收一样，也是实现剩余价值再分配的手段。

金额/百万美元

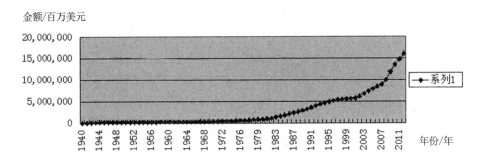

图 4-3   历年美国国债发展趋势图

资料来源：美国白宫预算管理办公室：http：//www.whitehouse.gov/omb/budget/Historicals.

图 4-3 展示的是美国从 1940—2012 年国债的发展趋势，即不断上涨。除了战争之外，美国发行债券的另一个主要原因是经济危机的周期性爆发。每次危机爆发之后，经济进入萧条时期，个人和企业的收入出现剧烈波动和下降，必然会影响美国联邦政府的税收。

① 中共中央马克思恩格斯列宁斯大林著作编译局．马克思恩格斯全集：第 23 卷［M］．北京：人民出版社，1972：824-825.

与此同时，随着经济进入不景气的状况和失业率上升，联邦政府的各项福利支出也在增加。双管齐下，结果必然是财政赤字，造成大量国债的发行。因此，发行国债因经济危机的周期性也呈现出相应的周期性特征。

综合言之，剩余价值再分配的收入主要源于税收和国债。由于现行税收制度和国债发行的特点，难以用工资和利润的标准来确定并衡量剩余价值的量，因此，对剩余价值再分配的分析着重于定性分析。

第二节　美国国家剩余价值再分配的支出分析

资本主义国家剩余价值再分配职能是国家财政职能的一部分，也就是说，剩余价值再分配和国家财政支出的关系可以表达为剩余价值再分配支出＝国家财政支出×i（0<i<1），即剩余价值再分配支出量是国家财政支出总额乘以某一个系数，鉴于上节中已经提到的困难，这个系数难以确定。但是，国家财政支出所到的地方必然是剩余价值再分配的所到之处，或者只要是国家财政支出必然包含着剩余价值再分配。基于这样的假设前提，这部分将展开对剩余价值再分配的支出结构分析。由于剩余价值再分配的支出和国家财政支出职能的同构性，我们可以通过国家财政支出结构来揭示剩余价值再分配的支出结构。

一、支出结构

美国联邦财政支出按政府职能，可以划分为 17 大类，包括国防支出，国际事务支出，一般科学、空间和技术支出，能源支出，自然资源和环境支出，农业援助支出，商业和住房信贷支出，交通运输支出，社区和地区发展支出，教育、培训、就业和社会服务支出，卫生保健支出，收入保障支出，退伍军人福利和服务支出，司法管理支出，政府一般行政费支出，一般目的的财政援助支出，国债利息支出。

表 4-4　联邦政府剩余价值再分配按职能分类情况表①　　（单位：10 亿美元）

	1990 年	1995 年	2000 年	2010 年
国防	462.4	377.6	362.0	610.0
非国防项目：	321.2	351.7	374.8	585.5
国际事务	32.4	26.4	25.2	41.7
一般科学、空间和技术	24.5	22.0	22.1	27.5
能源	8.1	8.9	3.5	9.1
自然资源和环境	29.8	28.9	29.5	38.4
农业援助	4.2	5.1	5.4	6.1
商业和住房信贷	6.5	3.7	5.2	6.0
交通运输	44.9	49.3	53.4	77.8
社区和地区发展	11.8	13.6	13.7	20.1
教育、培训、就业和社会服务	43.2	51.0	57.7	115.8

---

① 数据仅能代表结构，即相互间的比例关系。

续表

	1990 年	1995 年	2000 年	2010 年
卫生保障	24.1	28.3	34.9	59.3
医疗保障	3.9	3.9	3.6	4.7
收入保障	33.5	48.4	46.9	61.8
社会保障	3.7	3.4	4.0	5.5
退伍军人福利和服务	18.4	21.3	23.1	45.9
司法管理	17.3	21.6	32.7	47.9
政府一般行政费	15.1	16.0	14.1	17.8
一般目的的财政援助	—	—	—	—
国债利息	—	—	—	—
合　计	783.6	729.3	736.8	1195.5

资料来源：美国白宫办公室网站：http：//www.whitehouse.gov/omb/budget/Historicals.

1. 国防支出

国防支出是为保卫国家安全、防御外敌侵犯而不得不采取军事行动所需的支出。国防支出的具体内容主要有：战略部队、反核攻击基本部队、普通部队、国家警卫和预备部队、情报和通讯、给养和维持、研究和发展、训练和医疗、管理和协调以及空运和海运等。

2. 国际事务支出

国际事务支出在联邦财政支出中的比重不大，1985 年仅为1.9%。国际事务支出主要包括三个内容：一是对外经济援助，其中主要是用于向外国提供经济发展援助和自然灾害救济援助（通常占该项支出总额的 67% 左右）；二是外交事务支出，包括美国国务院的外事活动经费支出和美国对各种国际组织的捐款（约占 18%）；三是对外军事援助、对外情报和交换以及国际金融活动（主要是"进出口银行"）。

3. 一般科学、空间和技术支出

此项是联邦政府对包括自然科学、社会科学和空间项目等基础科学提供援助的支出。联邦政府之所以要对基础科学研究提供援助，是因为基础科学研究与应用科学研究有很大的区别。应用科学研究的成果能直接运用于生产和生活，在专利制度下可以作为商品出卖。因此，研究费用不仅可以得到补偿，研究单位或个人还可以得到一定的收益。而基础科学的研究成果不能直接用于生产和生活，很少能作为产品出卖。该项支出在联邦政府财政收入中所占比重也不大，考虑到通货膨胀的因素，20 世纪 70 年代以来这项支出的相对稳定实则意味着下降。

4. 能源支出

美国联邦政府在能源支出的增长转折点是在 20 世纪 70 年代中期，当时石油输出国组织的石油禁运导致了严重的石油危机。在这样的情况下，联邦政府加强了对以石油为主能源的国家的干预。从此，石油逐渐成为宏观调控的重要工具。

能源支出主要是基于两方面的考虑：一是直接增加能源的供给，即给联邦政府直接经营的能源生产企业；二是从国内外市场采购大量的石油，用于国家战略能源储备。此外还有一些杂项支出，如能源保护与管理等。

5. 自然资源和环境支出

自然资源和环境的项目由于私人资本和地方政府一般不愿意投

资，以及有些项目禁止私人投资，导致这方面的项目必须由联邦政府拨款。

首先自然资源和环境支出的绝大部分是用于减少和控制污染，其中主要是以补助金形式拨给州和地方政府建设废物处理工程。其次是用于水力、电力资源设施建设，其中包括洪水控制、航道改建、电力生产，以及灌溉工程、娱乐性的水上设施、城市系统及整个河流发展等。

6. 农业援助支出

维持农产品价格的稳定是联邦政府的一项重要职能。从 20 世纪初，由于农业生产技术的迅速发展，美国从事农业生产的人数一直处于下降状态，同时农业的产量一直在增加，而对农产品的需求没有成比例增加。由于农业生产需要较长的生产周期，农场主不能像工业制造商那样，可以较快地按照市场需求调整自己的生产，因而农产品的供给缺乏弹性。如果农产品的价格波动比较大，那么农业人口和农业资源会迅速向非农行业转移，导致农产品的供给也不稳定，这样势必会影响整体的国民经济水平。因此，联邦政府的剩余价值再分配职能就要维持农产品价格的稳定，让农业生产者保持稳定的收入，从而保证农产品的供给在一个稳定的水平上。

农业援助支出主要包括两方面的内容：一是对农产品销售给予价格补贴，即根据农作物的"目标价格"，联邦政府提供差额补贴；二是支持相关结构为农产品出口提供信贷服务等。农业援助项目占总支出的比重不是很多，却是联邦政府必须支出的项目。正所谓"民以食为天"，离开了基本的生活保障，社会生产的环境也难以维持。

7. 商业和住房信贷支出

这项属于联邦政府社会管理的内容，其支出包括以下三部分：一是联邦政府对住房抵押市场的干预和对储蓄机构的调节活动支出。联邦政府一般要负责对各种类型的住房，包括城市低收入者住房以及经济发展水平较低地区的中等收入者住房提供抵押保险或抵押利息补贴。联邦政府还要负责对储蓄和贷款组织以及商业银行的存款保险进行管理和调节。二是对美国邮政业务给予直接补贴。三是联邦政府的"小企业管理局"对小企业贷款提供担保基金等支出。

8. 交通运输支出

首先由于交通运输具有公共服务的性质，投资和收益的矛盾导致私人对此项的投资比较少，所以联邦政府对交通运输给予了各种形式的补贴。该项支出的最大部分是公路建设和改造支出。其次是对特定的运输业给予补助，补助对象主要有城市运输、铁路运输及空运、海运等。

该项支出在联邦总支出中比重不大，因经济发展的需要而保持稳定增长。

9. 社区和地区发展支出

该项支出的目的是联邦政府通过剩余价值再分配拨款来改变地区之间经济发展的不平衡状况，促进对落后地区的开发，以扩大就业，扩大国内市场，促进美国经济的发展。此项支出绝大多数用于社区发展，其中主要以一揽子补助形式拨给地方社区，得到资金的社区可以把资金用于提供社会服务、建设公共设施和建筑物修缮等几个方面，其余部分用于地区发展，其中主要是灾害救济和保险。此项的比重和发展趋势同上。

10. 教育、培训、就业和社会服务支出

第二次世界大战之后特别是 20 世纪 60 年代，联邦政府推行"充分就业目标"要求政府承担劳动者提高素质技能的责任。在此背景下，联邦政府在该项的支出有了明显的提高。

该项支出主要包括三部分内容：一是各类教育补助支出。在初等和中等教育方面，对特定阶层如残疾和丧失劳动力家庭的学生给予补助。在高等教育方面，则对学生提供资金援助，如补助、贷款及通过组织勤工俭学给予学生就业补贴。二是劳动者训练和就业援助支出。这部分支出的目的是提高非技术人员的就业能力，包括各种形式的就业培训和在职培训。三是社会帮助支出。它是对州政府提供补助金的形式，用以对伤残人、老年人、低收入家庭及单身妇女抚养子女等提供特别帮助。该项支出的比重比较大，但是在里根政府时期有所下降，之后在克林顿总统的"美国新经济"期间又有所提高。

11. 卫生保健支出

该项支出属于公共福利项目。联邦政府提供保健照顾及其他与保健有关的支出。卫生保健支出的绝大部分是直接提供保健服务，它大多通过"医疗照顾"和"医疗补助"方案对老年人和低收入者的保健提供资金援助。此项支出是联邦剩余价值再分配支出的较大项目。

12. 收入保障支出

该项是实现收入分配公平和社会安定的一种重要手段。收入保障支出的绝大部分是"老年、遗属和伤残人收入保障支出"，也就是众所周知的社会保险方案。在美国，除联邦政府雇员外，其他工资收入者基本上均参加了这个方案，这样在退休、残废或死亡时，本人或家属就可以得到一定的救济补助。首先是这部分支出的资金源于向雇主征收的工薪税。其次是公共帮助和收入补助支出。它包括附加的收入保险、抚养子女家庭援助、食品券补贴和低收入者住房补贴等项目。最后是事业救济和联邦政府雇员退休和丧失劳动者收入保险支出。收入保障支出是联邦政府剩余价值再分配支出的重大项目之一。

13. 退伍军人福利和服务支出

这项支出的目的是对在过去战争中出过力的退伍军人给予一些特别照顾。特别是残废军人，由于他们丧失了一定的劳动能力，通过这项支出他们可以得到一定的生活来源。支出采取补偿金和年金的形式提供给退伍军人。这项占联邦剩余价值再分配支出中的比重比较小。

14. 司法管理支出

此项支出用于联邦政府的各种法律实施活动事业费及诉讼、审判和联邦监管系统的活动事业费。另外，还包括联邦对州和地方政府司法系统的补助支出。

15. 政府一般行政费支出

美国联邦政府的行政费用分散地列入各部门和各职能机构的支

出项目中。一般行政费用不包括各部门的行政费用，只包括美国国会的行政事业经费和总统办公室的行政事业费，因而数量不是很大。

16. 一般目的的财政援助支出

这是对州和地方政府的一项补助支出。它的特点是不像其他项目的补助金那样有具体使用项目的限制，也不要求州和地方政府为此做出相应的配套，因此州和地方政府在这项资金的使用上比较自由和灵活。这项补助金的设立实际上是从 1972 年开始的。它采取的是一般收入分享形式，按照既定的分配共识在各州之间进行分配。而每一个州又把得到的补助金进行分配，州里分得 1/3，剩余的部分按照分配比例划给地方政府。

17. 国债利息支出

联邦政府每年必须向国债持有者支付利息来维持信用。由于近 1/3 的国债由联邦政府机构和信托基金账户持有，所以相当一部分的利息可以通过联邦政府内部的转移资金来实现，从而导致国债利息的预算支出常常大于净利息支出。随着美国剩余价值再分配的赤字政策，国债巨额增加，导致该项支出不断增长，成为联邦政府剩余价值再分配支出的大项目。

综上所述，美国的剩余价值再分配支出职能可以概括为三方面：法定支出（社会保障、失业保障、医疗卫生保障等）、政府自主支配支出（国防支出、教育、科技和基础设施建设等）、净利息支出。其实，美国国家剩余价值再分配的支出职能并不是一开始就如同上面所分析的那样，而是随着历史阶段的发展而不断演变的。在自由主义阶段，剩余价值再分配主要是用于履行"国防"和"管理"两类职能的。国防是集中于军事活动，而管理是着重于阶级统治的，二者相比的话，当国与国间的矛盾还未爆发的时候，国家在国防的支出比重要少于管理支出。而在经济和社会方面的支出就更少之甚少。资本主义国家进入垄断阶段的初期，社会支出和经济支出均有所增加，但还是少于军事国防支出和管理支出。随着帝国主义的发展和殖民地的扩张，国际矛盾全面爆发，导致军事支出的增长速度一般大于管理支出。从1929—1933年经济危机发生以来，即垄断资本主义阶段的后期，资本主义国家的政府积极地进行经济干预和一系列的社会改革措施，导致经济支出和社会支出发生了较大的变化，增长速度加快。其中，社会支出的增长尤为显著。第二次世界大战结束后，世界进入了"冷战"阶段，各国的军费支出有所减少，而社会支出相应地增加。因此，联邦政府的剩余价值再分配的支出职能集中在国防支出和社会公共福利保障两方面。这一点在表4-4中也可以得到证实。

二、发展趋势和增长极

1. 剩余价值再分配的发展趋势

自从国家摆脱"守夜人"的角色转为对经济进行干预，美国联邦剩余价值再分配的支出呈现出明显的增长趋势，数量方面发生了很大的变化。本书无法精确地量化这个数字，但是我们可以从侧面来印证。首先，财政支出绝对金额的增长。既然剩余价值再分配的支出与财政支出成正相关，那么财政支出的增长就说明了剩余价值再分配的增长趋势。据统计，美国联邦政府的财政支出，1850 年约为 0.4 亿美元，1913 年为 9.7 亿美元，1927 年为 35.33 亿美元，1938 年为 84.49 亿美元，1950 年为 448 亿美元，1962 年为 1134.28 亿美元，1974 年为 2694 亿美元，1985 年为 9463 亿美元，1995 年为 1515.7 亿美元，2005 年为 24720 亿美元，2012 年为 35371 亿美元。在过去 150 多年中，联邦财政支出增加了 80000 多倍。图 4-4 是美国联邦财政在 1974—2012 年间的趋势，尽管中间有微小的波动，但依然可以清楚地看到财政支出的增长趋势。按照剩余价值再分配支出和财政支出正相关的关系，美国剩余价值再分配支出的发展趋势必然也是增长的。

当然，剩余价值再分配支出的增长趋势还可以从收入方面来说明。首先，税收是剩余价值再分配收入的重要来源之一。20 世纪以来，美国税收征管水平不断提升，比如，通过法制规范各类税收，避免偷税、漏税等现象。其次，美国联邦税收的种类也得到了极大丰富，这与国家作为"理想总资本家"总体占有权的加强有着密切的关系。通过前面的分析，我们知道个人所得税、社会保险税和公司所得税，三者加在一起在 20 世纪 70 年代以来占联邦税收总收入的比重超过了 80%。而美国现行的联邦所得税制度源于 1913 年的所得税法，它是垄断资本主义在税收方面的特征之一。第一次世界大战爆发后，由于战争导致巨额的军费开支，所得税率不得不两度提高，同时征收战争利得税。以此为分水岭使得作为主要来源的关税、官有土地出手收入、消费税、交易税等税收收入退到了次要地位。

1918 年所得税收入占税收总额的 66%，2012 年也占税收总额的 56% 以上①。

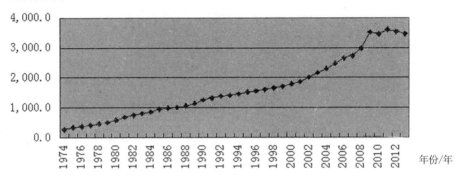

图 4-4　1974—2012 年美国财政支出趋势图

数据来源：达林. 第二次世界大战后美国国家垄断资本主义［M］. 本社翻译组，译. 北京：生活·读书·新知三联书店，1975：378.

　　社会保险税在美国又称薪工税，是剩余价值再分配的社会保障职能的收入来源。20 世纪 60 年代以来，这项税收总额不断地增加：从 1960 年只占联邦收入的 18% 上升到 1970 年的 26%，开始成为联邦收入的第二重要来源。1982 年到达 2011 亿美元，占联邦税收的 32%；1999 年上升到 6118 亿美元，是联邦税收的 33.5%；2012 年这项收入高达 8453 亿美元，是联邦税收的 34.5%。从这些数据可以看出，社会保险税尽管占联邦税收总额比重提高的速度有所下降，但是绝对数量表现为巨大的变化，从 1982—2012 年的 21 年间，这项收入增加了 6442 亿美元，提高了 3 倍多。而社会保险税的发展也是比较晚的，它源于 1935 年的老年与遗嘱保险，以薪工税作为筹措

————————

① 根据 CBO 网站数据计算的结果。

老年人的养老金。开始时的税率仅为1%，并且适用的范围也是有限的。后来，保险救济金水平与薪工税税率，以及应纳税的工资所得额与适用的职业范围不断地增加，又增加了无工作能力者的保险，这就是前面介绍的OASDI。到20世纪60年代中期，医疗保健有了很大的增长，其背景是20世纪60年代中期设立了"医疗照顾方案"，其目的是为65岁以上的老年人提供医院保险和医药保险。医院保险由雇主和雇员各负担0.9%，与OASDI合称OASDIH，税率共为5.85%。如果社会保险扩到全部医疗领域的话，社会保险税的增长幅度会更大。

从国家公共债务方面也可以看出剩余价值再分配收入基础不断加强的趋势。图4-3中，很显然地，从20世纪70年代开始，联邦政府的公共债务发生了重大的变化，增加的速度急速提高。国债从1974年的3474亿美元增加到2012年的112811亿美元，后者是前者的近33倍，绝对数量的变化是巨额的。

总之，基于国家"总资本家"占有权的增强、税收征管水平的提升、税种的丰富、税率的提高，以及公债的发行额变化（通货膨胀税）等因素，美国剩余价值再分配支出的增长趋势已经成为一个不争的事实。

2. 剩余价值再分配支出的增长极

既然美国剩余价值再分配支出呈现出增长的趋势是一个不争的事实，那么，剩余价值再分配支出的增长极是什么呢？以下将从三方面展开说明。

（1）战争和军备竞赛

2000 年，美国联邦财政支出的 20% 用于国防、国际计划和义务、太空研究；15.1% 用于偿付以往的战争费用——国债利息和退伍军人福利费用。这部分支出的变动对整个联邦支出是至关重要的。第一次世界大战以前，美国联邦财政支出总额不过是国民生产总值的 2.7%，但第一次世界大战把这项比例推向了 16.6% 的高水平。战后虽然回降，但仍在 10% 以上。第二次世界大战又将其推到了 44.7% 的水平。尽管二战结束后又回降，但是到 12.4% 的水平就再也降不下去了，产生了棘轮效应。朝鲜战争和侵越战争期间，联邦政府的财政支出占国民生产总值的比重又有显著的提高，甚至在侵越战争的 1968 年上升到 20.5%。战后有所回降，但与前面不同的是回降幅度不大，始终停留在较高的水平。另外，战后以来美苏军备竞赛愈演愈烈也造成了联邦军事支出的大量增加，仅以联邦政府在"国防"项的支出为例，1977 年这项支出为 992 亿美元，1987 年为 2820 亿美元。冷战结束后，阿富汗战争以及伊拉克战争、利比亚战争以及反恐等，导致美国联邦政府的军费开支和确保国家安全的国防支出大幅度增加。从 2003 年起，美国的国防开支超过了 4000 亿美元，到 2006 年这一项开支超过了 6000 亿美元，2011 年高达 7055 亿美元。由此不难看出军事和国防开支对联邦财政支出增长的影响，监狱财政支出和剩余价值再分配的正相关关系，因此，国防支出对联邦政府剩余价值再分配支出有重要影响。

（2）经济危机

从 20 世纪 30 年代的"大萧条"以来，美国联邦政府为了挽救经济危机，积极推行凯恩斯的"反危机"政策，即剩余价值再分配的赤字政策。从那以后，每次经济危机的爆发都要依靠增加联邦政府的支出来刺激经济回升，依靠政府需求的增加来带动整个有效需求的扩大。而经济恢复后，为了维持剩余价值再分配支出原有的刺激作用以及受政府支出惯性的影响，联邦支出也不能恢复到危机发生以前的水平。因此，总的来看，美国危机周期性波动带来的经济活动的急剧下降或长期停滞，这个时候反而使得剩余价值再分配支出在国民生产总值中所占的比重上升。

（3）社会福利制度

为了保持社会的基本安定，缓和阶级矛盾，保障资产阶级的根本利益不受触动，在劳动者阶级不断斗争的条件下，美国联邦政府终于被迫开始推行所谓社会福利政策。美国的福利制度建立于1936年的大危机时期，但开始的社会保障范围有限，局限在老年保险和事业保险等少数几个项目。第二次世界大战以后，美国社会的福利制度开始迅速、全面发展，不仅扩大了一些旧的保障立法的实施范围，而且设立了一些新的保障项目。随着社会福利制度的不断改革和完善，美国社会保障的范围已经扩大到生、老、病、死、伤、残、孤、寡，以及失业和教育等各个方面。因此，联邦政府的社会福利开支有了相当大的增长。1950年社会福利开支占联邦政府开支的比重为37.4%，到1965年的医疗法案公布后，这个比重增长到42.2%，1970年又增长到48.2%。20世纪80年代虽然有所下降，1985年仍然占其总开支的43.7%。20世纪90年代又开始上涨，甚至在2001年这个比重突破了60%。可见，社会福利开支已成为美国剩余价值再分配支出增长的第一大增长极。

除了上述因素，人口的增长和国民经济的发展等都是影响剩余价值再分配支出增长的因素。

第三节　美国国家剩余价值再分配中的资本关系

一、垄断资本对预算的控制

在当代发达资本主义国家中，垄断企业因承担了国家必须满足的社会需求的生产任务，间接地决定了国家预算。资本得以实现再生产的前提是合理的利润预期，而政府对生产的组织是一系列政治决策的产物。国家的政治决策产生于特定的社会关系框架，而且是经过社会经济政治各种关系斗争的结果。其中两方面在社会中起到至关重要的作用：一是经济关系；二是经济和国家权力的关系。因此，相应地，我们不仅要分析劳资关系，而且还要分析资本和国家的关系。原本垄断资本和国家预算优先权不会发生联系，但是垄断资本的运行离不开联邦体系的政治框架。不仅如此，垄断资本的运行还要依赖各级政府的不同政治体系框架。

在美国，劳资关系是最主要的生产关系。此外还有垄断资本和竞争资本、竞争资本和工人之间的关系。以下将从私人和国家权力的关系来描述联邦政府的执法和立法部门的发展趋势。

1. 预算分析的政治框架：联邦政府

在美国，对联邦政府影响最大的是资本家、垄断资本和国家合营的所有者。而这些群体的利益是通过一系列与政府的紧密合作实现的，因此，他们必然要控制多数政府调控部门。

事实上，私人经济、联邦政府和州政府相互渗透，表面上看是管理问题，本质上是政治经济问题。历史上，垄断集团的活动不仅有立法部门，而且还有政府的行政部门作为保障。但是，利益集团的政治需要和资本主义的生存发展又是不一致的。一方面，各个集团的利益不同，导致活动的平均水平不同，因此利益集团是一个黏性组织。另一方面，逐利的需求会引起政治矛盾，使得国家实施全部计划经济成为不可能。这样就需要一个具有阶级意识的政治管理者，来保证依赖于政府部门的集团活动保持一致。此外，整个利益集团还需要一种责任感——阶级意识。比如，如果想要通过政府的调节部门来保证某一行业的利润，那么就需要改变和禁止分配资源的模式和垄断，因为这些反过来会阻碍资本积累和经济扩张。这样说来，资本全球经济扩张的计划也同样需要一个具有阶级意识的政治管理者。

由于经济危机和总需求不足等原因，垄断资本面临着投资风险和不确定性不断增加的压力，导致后来企业的主要管理者采取了一些合理的经济形式。到了 20 世纪，企业的资本所有者产生了融资能力、提高管理技能，以及自我调整的观念。而意识形态的政治管理者必须认识到，公司处理阶级冲突的方式一定是以调节为主的。因为阶级利益广泛而复杂，政策的制定不再由单一的管理部门决定，还要有各种公共部门参与。因此，政策的制定主要是由具有高度影响力的商务部、关键的大学研究机构和公司主导的部分部门来完成的。这些政策关键最后以行政部门发起的立法形式出现。因此，国家总统以及他的核心团队必然代表着资产阶级企业的利益，同时要将其转化为实际行动。垄断资本家的阶级利益不是本阶级利益的综合，而是要通过政府管理体现出来。从这个意义上看，资本主义国家不是一个简单的工具而是一个结构。

生产关系还可以表现为阶级间社会关系的调整，以保证劳动力技术水平的再生产和社会秩序的整体维持。国家采取了一系列政策阻止人口向两极流动，尝试融合各种人口成为整体，以此保障一个合法的社会。这就要求工人、企业和国家的合作，通过工资谈判的形式来保障工资在生产率提高的同时得到相应的补偿，以此来提高社会消费水平。

即便如此，生产关系的调整还是难以避免过剩人口的出现，因为这是资本主义不可调和的矛盾决定的。那么，维持稳定的社会秩序就需要创新机构和项目来控制过剩人口，以此来阻止合法危机的到来趋势。目前的部门主要是控制过剩人口，同时维持工人和资本家之间的和谐关系，这两种情况都是政府要独立于资本的。其中的基本问题是保证立法的正义性，所以，资本和政府的关系太紧密是不可取的。因此，联邦政府有两个重要职能：合法和积累。尽管这两个职能是相互矛盾的，但是每一个国家部门都要尝试调和二者的关系。

2. 垄断资本主义预算原则和控制

垄断资本主义对预算的控制体现在预算优先权。尽管现代预算原则的创新发展改变了立法和行政部门之间的关系。行政部门的意识形态因素希望将预算转变为一种国家调控经济的工具。其中改变的关键人物是弗里德里克·克利夫兰（Frederick Cleveland）。管理预算就是行政和国会部门共同管理和控制联邦基金活动的主要模式。通往阶级意识和国家预算行政管理的第二步是从系列产品预算转变为规划预算。规划预算能够刺激经济同时集中分配预算资源，做这些都是为了消除财政危机。1961 年美国国防部引入了 PPBS 制度（规划预算管理制度）。1968 年，23 个主要的部门开始准备规划预算，还有一些重要部门也鼓励这么做。这种制度包含专业化和渐进决策两种重要的预算机制。但是规划预算的应用也是有所限制的，根本的原因是 PPBS 无法改变潜在的权力关系。在政府的最高一级中，很多问题难以达成一致意见。政府的主要目标都是价值判断和政治问题，导致 PPBS 难以建立国家目标，如社会消费和军事支出。因此，它在革新政府预算传统方面有一些限制。

总而言之，即使规划预算广泛实验后，预算优先权依然是基于阶级和特定利益需要的混合体。基于垄断资本阶级需求的整体预算计划不是一个能够实现的事实，但是未来的目标要等到管理权力切实集中于行政部门才能实现。

当然，经济的总体状况和联邦预算是相互影响的。随着联邦支出和税收的增长，行政部门必须考虑财政支出和总就业、收入和生产两方面不同的变化。这就要求他们对国家财政进行更大的行政控制，同时这也是预算管理集中化的第三步。但在 2002 年 12 月 23 日，美国的《纽约时报》认为国防部长拉姆斯菲尔德（Donald Henny Rumsfeld）签署的新国防预算报告完全是国防部和军火商"讨价还价"的产物。新的国防预算达到了 3780 亿美元，奇怪的是其中还夹藏着过时的武器项目。而在 2001 年，军方绕过国防部长拉姆斯菲尔德递交国会的预算费用达到了 250 亿美元，其中 38 亿美元被批准。而国会也不与拉姆斯菲尔德协商就通过了 75 亿美元的采购案，其中 80% 的项目落到了国会拨款委员会成员所在州的军火商手里。由此可见，垄断资本家们对国家的控制之深和影响之大。

二、国防支出中的垄断资本积累效应

1. 过剩资本与战争

军国主义和帝国主义是资本主义经济发展的内在特点，都是起源、形式和这种冒险的最终结果，如各种各样的战争。这就是我们将要考察的美国国防预算的主要环境。二战前，美国的垄断资本已经向海外扩展，当时世界正在发展社会主义，第三世界国家进行解放战争，欧洲旧殖民力量衰退，日本帝国军事挫败。

从有利的情况来分析，美国军国主义的源头可以追溯到垄断资本开始产生过剩资本。垄断生产商为了保住和生产能力同步的总需求需要寻找国外市场和投资渠道。二战以来，每个垄断公司已经重组生产、融资和市场设施，以便扩张国外销售市场，通过国外分支机构补贴。20 世纪 50 年代以来，公司转变为跨国公司。

一个考虑是垄断公司的雇佣关系还表现在对外经济扩张中。50

多年来，组织的工人也支持公司和联邦政府通过美国资本促进商品出口和控制国外原材料和市场。工会反对投资，因为它输出工作给其他国家。短期内国外投资好像是给国外提供了工作，但是长期看，国外投资扩张和控制了美国市场，同时支持了国内经济。

另一个考虑是市场的大小限制了生产率的发展。垄断行业中有组织的工人和资本有共同的利益，那就是国外经济扩张和海外市场的控制。绝对和相对过剩的工人在海外扩张中也有经济利益：战争和经济快速发展时期都为局限在竞争行业的工人提供了工作机会。

现代军事产业的综合发展和五角大楼的建立不仅仅是经济因素。五角大楼从二战以来花费了几亿美元不是为了保护特定的市场和投资或者获取新市场，而是扩张美国经济政治和文化的霸权。换句话说，军工企业联合体和美国军国主义如果脱离了世界资本主义发展，将其重点放在国家竞争、对社会主义的恐惧，以及世界革命运动上面是不可思议的。军备竞赛、军工企业联合体结构、战争对抗、民族解放斗争，这些都可能迫使联邦政府在可预见的未来中继续提高军事预算。

第一，世界资本主义生产的持续扩张，资本主义在第三世界的延伸和世界人口的两极化扩大了资本积累和阶级民族冲突的竞争。世界资本主义社会秩序逐渐不稳定，从妥协的封建民族主义运动向民族独立解放运动的转变，还有新社会主义社会的诞生，都增加了军事费用。今天，海外扩张遭遇到越来越多的抵抗，同时帝国的自卫花销越来越多。

第二，主要所谓私人军事生产商已经在联邦预算中建立了楔子。

不管国防费用如何快速变化，一些公司可以永久控制军事预算的依据是同样的公司连续得到军事合同的最大部分。主要武器提供商的排名在20世纪50年代末60年代初反复无常地变化，不是因为变化的军事预算而是因为签约建设公司的合并和短期共同的投机。这些中的大部分公司的资源是如此的专业化，中心着重在质量和技术而非数量和低价上，大量分配的缺失那么明显以致他们不能转移大量的资源给非军事生产私人资本。因此，这些公司必须被明确补贴。近来，帮助一些这样的公司进入私人市场的做法已经失败。

主要的武器生产商没有能力也不愿意让民用市场多元化。那么，合同承包商和银行协助融资的政治力量不愿民用市场多元化的后果是什么呢？一方面，国家部门的利润率高于经济的正常比率；另一方面，当军事合同商撤回或者减少导致武器生产商遭遇暂时的损失时，政府通过lockheed合伙银行给予他们新的债券担保。

更不用说，武器合同和五角大楼关系如此密切，以至于在很多方面都成为一个整体——军工企业联合体。这种密切关系可以加强联合体的两方面。不过五角大楼拥有相对更多的自治权。

第三，垄断行业技术进步，而民用生产大量依赖于发展的军事科学技术成果。历史上，军事常常是民用产品现代化的媒介。

在美国，军事是技术发展最可接受的边界，除了私人资本的技术和融资能力。随着经济发展逐渐依赖于新产品和生产工序，军事以及非军事使用提供技术也在扩张中。国有企业中的一些工业的增长就是由于军国主义的发展和战争的扩张。从这个意义上来说，军事研发必须被认为是社会投资的形式，而不是社会消费。反过来，垄断公司、大学和私人研发机构赞助下的军事技术的民用发展增加了军事需求，进一步刺激了新军事研发和生产。例如，原本开发的为第一战舰提供动力的发动机后来在城市照明方面发现了市场，经过民用改进后又被重新引入军事生产，在一个更高水平的效率上。飞机、原子能、塑料、电子和其他创新的发展都是相似的。

基于以上理由，国会几乎没有什么权力决定军事支出的水平和结构，资产阶级也没什么热情去做这些事，尽管他们有权力。正如美国经济发展委员会（CED）在 20 世纪 60 年代所说的那样，我们必须强调把那些资金支出用于国防目的，通过有负责能力的政府。对国会来说，政府军事拨款议案时例行通过，国会议员没有权利投票反对特定的军事支出计划。这样，军事开支就会增加，即使和 GNP 保持同样的比率。军事研发费用从 20 世纪 50 年代的不到 10 亿美元上升到 20 世纪 60 年代中期的 70 亿美元，并且有可能继续膨胀。尽管军队中的军事和民用雇佣在降低，但是拨款可能会继续增长，因为向全职志愿军的过渡需要提高支出比例，以达到吸引、保持有技术竞争力的军事人员的目的。目前和未来的民族解放战争将迫使美国继续扩大常规和反叛乱武力。而且最后，难以和苏联达到一种真正的缓和，迫使军国主义者和资产阶级保持在核侵略和反侵略方面的支出。1972 年，尼克松政府和苏联签订的军事条约为核武器和核弹头的支出提供了一个平台，而非军事支出。而五角大楼和尼克松，在尼克松从苏联回去后立即指出，并不能寄希望于条约通过减少国防预算的资金来增加民用预算。政府将花费几十亿来取代现代化现存武器，弹头和潜艇等。事实上，签订条约后，尼克松要求国会提高军事预算到 1973 年的 63 亿美元。用伊西多尔·范斯坦·斯通（I. F. Stone）的话说就是，优越性仍然是美国军事计划的基本教义。正如尼克松从莫斯科回来后讲给国会的那样，"在未来，不允许地球上有任何权力可以超越美国"。这是美国可以接受的唯一国家防卫态度。教义在 Laird 最新的防卫态度声明中明确表示，"美国未来的防卫需求评估必须包括确保持续技术优越性的计划。这将迫使永久的军备竞赛，因为在其他方面，不管是贸易上的任何新合作还是其他事物，都不能落后太多，以保持我们在发展中的第一竞争能力"。

2. 国防支出与垄断组织

西方发达资本主义国家国防支出一方面是为了支付战争费用，另一方面是为了保护国家安全。但资本主义国家的战争往往是与资本增殖、转嫁危机紧密联系在一起的。资本主义国家历史上的战争成了殖民扩张和占领世界市场的工具。马克思在其著作中已经深刻地揭示了资本主义战争的目的还是为资本寻求更大的生存和发展空间，他指出"殖民制度大大地促进了贸易和航运的发展。'垄断公司'（路德语）是资本积累的强有力的手段。殖民地为迅速产生的工场手工业保证了销售市场，保证了通过市场的垄断而加速的积累。在欧洲以外直接靠掠夺、奴役和杀人越货而夺得的财宝，源源流入宗主国，在这里转化为资本"①。战争首先为资本的逐利开辟商品市场和原材料供应场所，印度的东印度公司以及英美等国对中国发动

---

① 中共中央马克思恩格斯列宁斯大林著作编译局. 马克思恩格斯文集：第 5 卷［M］. 北京：人民出版社，2009：864.

的鸦片战争无一不是资本主导的结果。因此，由战争引起的庞大军事支出也避免不了与资本的关系。接下来我们就重点分析美国军事支出和垄断组织的利益关系。

（1）美国军费支出情况

通过前面的分析，我们知道军费支出是构成美国剩余价值再分配支出的重要组成部分。表4-5是第二次世界大战后美国历届政府的军费支出表。美国政府的军费支出，包括直接军费和间接军费。直接军费除联邦政府预算的"国家防务费用"外，还有"空间研究和技术"，即国家航空与宇宙航行局费用，这部分也是为军事服务的，理应包括在内。这项"空间研究和技术"每年度的支出，在20世纪50年代不过数千万到一亿美元，20世纪60年代曾达到50亿美元，20世纪70年代曾经有所下降，但从2000年开始，这项费用已经超过了200亿美元。此外，"退伍军人津贴和福利"和"国债利息"也都与军事有关系，所以作为间接军事支出。从表中可以看出，战后从1946年的杜鲁门政府到2009年的小布什政府，美国的军费支出不断增加。1972年财政年度，直接军费为807亿美元，即使考虑到通货膨胀的因素，也增加了30多倍。1972—2012年，直接军费尽管只增长了6倍，但是绝对数量的增长是巨额的。战争的大量消耗必然带来高额的军费支出，但即使是在"关于在越南结束战争，恢复和平的协定"签订以后，美国政府提出的1974年度预算，直接军费仍然高达842亿美元，连美联社都这样评价此事，"十二年来第一个和平时期的国防预算将是有史以来——不论是和平时期还是战

争时期——最大的预算"①。这表明美国垄断资产阶级通过剩余价值
再分配的国民收入，始终主要是用于军事目的的。

表4-5　战后美国历届政府的军费支出表

时期	财政年度(年)	军费总计(亿美元)	军费占联邦政府支出(%)	直接军费（亿美元）			间接军费（亿美元）		
				合计	平均每年支出	同前届政府比较每年平均增加	合计	退伍军人津贴和福利	国债利息
杜鲁门政府	1946—1953	3035.22	74.1	2125.62	265.7	—	909.6	463.96	445.64
艾森豪威尔政府	1954—1961	4571.24	70.2	3573.61	446.7	181	997.63	399.68	597.95
肯尼迪—约翰逊政府	1962—1969	6695.72	60.2	5285.33	660.66	213.96	1409.98	498.87	911.11
尼克松政府	1970—1972	3344.72	52.3	2467.33	822.63	161.97	876.84	291.64	585.2
福特政府	1974—1977	5644.92	38.2	3749.85	937.46	114.83	1895.07	703.59	1191.48
卡特政府	1978—1981	8040.05	36.0	5123.45	1280.87	343.41	2916.6	830.17	2086.43
里根政府	1982—1989	32882.54	43.5	20246.5	2530.81	1249.94	12636.04	2130.01	10506.03
布什政府	1990—1993	21555.14	40.2	11620.36	2905.09	374.28	9934.78	1299.88	8634.9
克林顿政府	1994—2001	47481.59	36.1	22320.11	2790.01	-115.08	25161.48	3285.19	21876.29

① 战后美国经济编写组.战后美国经济［M］.上海：上海人民出版社，1974：170.

时期	财政年度（年）	军费总计（亿美元）	军费占联邦政府支出（%）	直接军费（亿美元）			间接军费（亿美元）		
				合计	平均每年支出	同前届政府比较每年平均增加	合计	退伍军人津贴和福利	国债利息
小布什政府	2002—2009	69604.74	33.4	40545.34	5068.18	2278.18	29059.4	5604.90	23454.50
总计	1946—2009	202855.88	—	117057.5	1829.02	—	85797.42	15507.89	70289.53

资料来源：《战后美国经济》编写组．战后美国经济 [M]．上海：上海人民出版社，1974：171；1972 年之后的数据根据美国白宫管理办公室的历史数据整理而来，网址：http://www.whitehouse.gov/omb/budget/Historicals.

（2）垄断组织和军事部门的密切结合

垄断资本家为了获取高额的垄断利润，要不断地推行侵略政策和战争策略维护国家的世界霸权地位，必然就要维持庞大的军事国家机器和军事生产体系。国家庞大的军事支出与资本家的利益紧紧捆绑在一起，资本家们为了自身利益必然在国家政治中争取自己的地位。所以，垄断组织与军事部门的结合是资本主义国家的一种特征。

在美国，垄断组织和五角大楼结合的一个重要方式是订立军火合同。美国政府每年度的巨额军事采购，绝大多数为少数垄断组织所包揽。据统计，军事供应的大约 60% 掌握在 50 个军事工业垄断组织手中。在第二次世界大战期间，2000 亿美元的军事合同是分配给少数大企业的，最大的 10 家军火商获得了 30% 的订货，其次的 20 家军火商获得了近 20% 的订货。1974 年财政年度，25 家军火商获得的订单总额达 173 亿美元。

美国垄断资本家从军事订货中获得了巨额的垄断利润。根据美国总审计局 1969 年调查公布的显然已经大大缩小了的数字表明，在调查的 146 份国防合同中，按股本计算的纳税前利润为 56.1%，而全部美国工业公司按股本计算的纳税前利润平均为 21.1%。根据马克思的利润率下降的规律，美国工业公司的利润率可能会下降，但是垄断组织的利润率下降的可能性很小，因为他们总是试图获得垄断利润来保证利润的增长。此外，国防合同承包商们实际取得的军火利润还远远高于以上的比率。2000 年 2 月 6 日，《军火买卖依然是美国的生财之道》文章报道，在以美国为代表的北约开始轰炸南联盟后，生产"战斧"式导弹的军工企业——雷神公司的股票价格上涨了 10%。据估计，这场战争使得世界军火市场的占有份额发生了较大变化，其中美国的市场份额将提升 10%~20%①。而两次伊拉克战争发动之时，都恰逢美国经济陷入低迷萧条之时。经济低迷使得美国军事工业综合体急需获得政府的军火承包合同，通过扩大军事武器的生产来刺激经济回升，避免经济衰退。结果是伊拉克民间反美的抵抗超过了小布什政府的意料，这场战争最终陷入泥潭。但是不管政府发动伊拉克战争的消耗有多大，也不管驻伊拉克的美军士兵究竟付出多大的牺牲和代价，最后的赢家始终是支持小布什政府的军事工业垄断组织，他们因这场战争而大发横财。由此可见，垄断财团利益与国家利益之间存在着矛盾的一面，但是垄断财团依然

---

① 生活时报. 军火买卖依然是美国的生财之道 [EB/OL]. 新浪网，2002-2-6.

可以通过资本的力量影响和支配美国国家战略。

美国还通过多种方式为军火承包商提供各种优惠。一种方式是"无息贷款"，如国防部对军火承包商执行合同时采取每周付款一次的办法，这种付款方式相当于给他们提供了无息贷款。军火商攫取利润的另一种方式是"费用超支"，军火合同大多数是按成本加利润签订的，成本越大，利润越高。美国彭博社网站于 2013 年曾经报道，项目成本可能高达 810 亿美元的新型轰炸机成为国防部密切审查的对象，因为它比预计的 550 亿美元超出了 260 亿美元。在国防部准备压缩国防预算之际，空军项目的高成本记录也遭到了质疑，尤其是最昂贵的武器系统项目。同时政府问责署的房屋分析师对武器的高昂成本也做出了这样的回应："空军在项目启动时的成本估算如果没有轰炸机和采办计划的详细支出数据，就没有任何可信度。这是愚蠢的做法，或者更坏的是，假装成本就是这么多，诱使你购买然后（不得不）为这个赌博买单。"①

美国垄断组织与军事机构结合的另一个重要方式是大公司把大批退休军官和国防部的退休、退职官员安插到公司任职或者是把职业军人、将军、海军将官直接调往包揽军火供应工作的垄断公司任职，主要担任军事生产部主任或担任专家和顾问，方便争取军火生意。同时，各军事部长也是从各个最大的垄断组织的董事长当中选出来的，而这些垄断组织或多或少地都包揽军火供应工作。美国国会联合经济委员会主席在 1969 年透露，接有军事订单的最大 100 家

---

① 刘亚威. 美国下一代轰炸机投入可能达到 810 亿美元，比原计划增加 47%［EB/OL］. 凤凰网，2013-12-11.

公司中，雇有 2072 名退伍的、军衔在上校以上的军官。国防部调查证实，在 1969—1971 年 3 个财政年度中，有 993 个少校军衔以上的军官以及国防部文职人员到工业部门任职。根据 1972 年年初的资料，几家主要军火承办雇用的高级军官人数为：洛克希德飞机公司 269 名、波音公司 246 名、麦克唐纳—道格拉斯公司 203 名、通用电力公司 136 名、北美罗克韦尔公司 136 名。在这些高级军官中，不少都担任着大垄断企业的要职。1967—1971 年美国五角大楼和某些军事工业垄断组织之间的干部交流情况，如表 4-6 所示。这种"干部交流"的现象特别明显地表现出了军事工业垄断组织与国防部之间错综复杂的关系。甚至在尼克松政府担任助理财政部长职务的维登鲍姆教授都承认："在国防部和它的主要承包人之间早已形成的某种密切关系导致了双方的沆瀣一气，这种情况大大消除和减少了美国主要经济部门中国家活动和私人活动之间的差别。"① 2013 年 2 月 20 日，《新民晚报》报道，成立于 2004 年的美国电脑安全公司 MANDIANT 的创始人、执行总裁凯文·曼迪亚（Kevin Mandia）就曾经任职于美国五角大楼。他之前是大楼第七通信集团的计算机安全官员，后来又担任美国空军特别办公室探员，负责网络犯罪。之后，他还为美国的政府相关机构提供过专门的网络安全课程②。

---

① 谢·阿·达林. 第二次世界大战后美国国家垄断资本主义 [M]. 本社翻译组，译. 北京：生活·读书·新知三联书店，1975：142.
② 王慧. 中国否认上海一建筑系黑客总部罪犯 [N]. 三湘都市报，2013-2-21（4）.

表 4-6　1967—1971 年美国五角大楼和某些军事工业垄断组织之间的干部交流情况表

垄断组织名称	从军队中录用的军官和将军	调往五角大楼工作的
麦克唐纳—道格拉斯飞机公司	70	7
波音飞机公司	60	8
林—谭科—沃特公司	43	7
通用电气公司	37	11
威斯汀豪斯电气公司	30	10

　　资料来源：谢·阿·达林. 第二次世界大战后美国国家垄断资本主义［M］. 本社翻译组，译. 北京：生活·读书·新知三联书店，1975：142.

　　上述情况表明，私人的垄断组织和军事部门之间的密切结合、人事交织，形成了一股强大的势力。在美国，这个特别利益集团被称为"军事—工业综合体"。艾森豪威尔总统在 20 世纪 60 年代的时候就承认，美国出现了"一个庞大的军事部门同一个巨大的武器工业结成的联合"，其"全部影响——经济的、政治的，甚至是精神上的影响——在每个城市，每个州议会，联邦政府的每个机关都表现出来"①。随着科学技术的发展，与军事部门相互结合的垄断组织不再局限在工业领域，而在涉及国家网络信息安全、新闻传媒等方面也表现得越来越突出。正如艾森豪威尔指出的那样，它所带来的是全部的影响，当然这也符合资本逐利的特点。哪里有利润，拥有敏锐嗅觉的资本就会出现、渗透在哪里。

---

　　① 艾森豪威尔. 艾森豪威尔回忆录（4）［M］. 樊迪，静海，等译. 北京：东方出版社，2007：479.

三、超级军费支出和严重赤字危机

表4-5显示了战后美国历届政府的军费支出情况，美国的军费支出持续性地攀升。进入 21 世纪以来，军费增长趋势依然不减。2002 年 10 月到 2003 年 9 月，"基本预算"是 4370 亿美元（和越南战争高潮时的情况基本相同）。但这个数字还忽视了许多重要的"附加"，如对外军事销售、军事航天计划、退伍军人福利和退休金，对外军事援助以及因军事支出而发行的国债的利息。根据詹姆斯·马丁·赛弗（Cypher，2002）的估计，若把这些都加在一起，该年度的真实军费预算还将增加 2/3。换句话来说，不再是 4370 亿美元，而是 7000 亿~9000 亿美元（这还不包括中央情报局和其他秘密政府机构的费用）。2005 年，美国国会通过《国防拨款法案》，批准 2006 年财政年度的国防支出金额为 4533 亿美元，创下了新的历史水平。2006 年国防预算支出和 2001 年相比，增长了 40%。其中关键的原因是持续十年的经济增长在 2001 年达到高峰之后走向了衰退。"9·11"恐怖事件使得美国的经济形势更为严峻，布什政府一改克林顿政府的政策，实行增加政府支出的政策，主要表现在大规模扩大国防开支和发展导弹防御计划，重新开启美国赤字财政政策。之后的伊拉克战争和阿富汗战争又把美国国防支出推向了更高的水平。2008 年 11 月 17 日，《国际先驱导报》报道，"五角大楼的预算，包括在伊拉克战争和阿富汗战争中的花费，已经达到了 6850 亿美元，以美元实际价格计算，比 2000 年增长了 85%，等于世界上其他所有国家国

防预算的总和，是'二战'以来的最高水平"①。2008 年爆发了世界性的金融危机，美国经济遭到了严重的衰退，陷入危机的泥潭难以自拔。同时，这一年的财政赤字达到了 6124 亿美元。到 2009 年时，"五角大楼达到了费用支出的又一个新高度：2009 年提交的预算（经通货膨胀调整）将使第二次世界大战的支出水平相形见绌……而这还不包括对伊拉克战争、阿富汗战争或核武器的'补充支出'"。美国为应付经济危机，采取扩张性政策重振经济，导致国债迅速上升。2011 年欧洲主权债务危机迅速蔓延，美国因此陷入严重的赤字危机中，再次被推到经济的风口浪尖。

第四节　美国国家剩余价值再分配与社会福利制度

一、美国福利制度的产生

1. 资本主义社会福利制度产生的理论基础

（1）资本积累的一般规律

马克思这样概括了资本主义积累的一般规律："社会的财富即执行职能的资本越大，它的增长的规模和能力越大，从而无产阶级的绝对数量和他们的劳动生产力越大，产业后备军也就越大。可供支配的劳动力同资本的膨胀力一样，是由同一些原因发展起来的。因

---

① 道格拉斯·多德. 不平等与全球经济危机［M］. 北京：中国经济出版社，2011：119.

此，产业后备军的相对量和财富的力量一同增长。但是同现役劳动军相比，这种后备军越大，常备的过剩人口也就越多，他们的贫困同他们所受的劳动折磨成反比。最后，工人阶级中贫苦阶层和产业后备军越大，官方认为需要救济的贫民也就越多。这就是资本主义积累的绝对的、一般的规律。"①

生产的社会费用随着时间变化呈现上升趋势，同时国家被迫将这些费用社会化，即"私人成本社会化"。垄断资本生产率和生产能力的增长速度要比对劳动力的需求快。这种趋势可以通过社会资本成本的扩张和社会化的方式来消除。这在分析现代福利系统、国外经济扩张和帝国主义的发展方面是至关重要的。福利和军事开支是由垄断资本的需求和垄断行业中的生产关系决定的。过剩生产能力对掠夺式的国外经济扩张产生了政治压力。过剩劳动力也给福利体系的发展创造了政治压力。军事和福利支出的决定因素大体是一样的，两种支出都可以解释为同一种现象的不同方面。

福利国家的发展趋势是因为过剩人口的增加使得他们自身几乎没有购买力，战争国家的发展是因为他们国内无法解决过剩资本而导致扩张。维持高水平的总需求实则是扩大海外市场和投资，同时补贴国内竞争行业的工人。总之，福利和战争支出有两面性：福利体系的职能不仅是控制过剩人口，而且还要扩大需求和国内市场。战争体系不仅要遏制国外对手限制世界演化的发展，而且还要消除国内经济停滞。这样我们就把国家政府称之为"战争—福利国家"。

---

① 中共中央马克思恩格斯列宁斯大林著作编译局．马克思恩格斯文集：第 5 卷［M］．北京：人民出版社，2009：742.

通过福利体系，过剩人口可以有购买力购买市场上的过剩产品。而部分过剩人口可以到军事部门和福利部门就职。这样，垄断资本主义的部分是一个自我修正的系统。但是，随着生产率的提高，福利体系发展太慢以至于无法产生足够的购买力去消费过剩产品，同时也为过剩人口提供不了足够的职位。这意味着福利和军事支出同时在上升。

总之，要控制过剩人口，国外市场就必须扩张和控制，要扩张国外市场，过剩人口也要控制。如果海外市场不能扩张和控制，减速的经济发展会削减在过剩人口方面的开支。如果过剩人口不能控制，社会和政治混乱会迫使国家将市场转向国内，而降低海外扩张。20 世纪 60 年代的美国出现这种困境的趋势是非常强的。

（2）过剩人口的"贫困"和社会福利

贫困和政府救济项目是资本主义发展的内在特点。资本主义的一部分是农民、农场主、家庭工人、小手工业者、商人以及其他被迫贫困的历史，他们一部分是由于资本主义农业、工厂制造、大众零售业等而贫困的，一部分是技术和市场力量导致的工业和整个地区的贫困化，一部分是由经济不景气和萧条以及工业和就业结构限制工人在低工资和不稳定的职位等产生的贫困。

资本主义也是一部国家福利政策和计划的历史。政府救济至少可以追溯到 16 世纪早期，其主要框架没有改变。皮温（Piven）和克劳德（Cloward）在他们有影响的现代福利体系研究中指出，"对于救济理解的关键是，它的职能是服务于更大的经济和政治秩序，因为救济是一个二等的支持性的机构。历史证据表明，救济安排被提倡或扩张是在大量失业导致民众混乱爆发的情况下提出的，而等到政治稳定复原时，将取消或缩减救济。扩张的救济政策被设计用来减弱民众混乱，限制的救济是为了加强工作标准。换句话说，救济政策是循环自由的或者严格依赖于政府主张的社会范围内的调节问题"①。

无限制的资本积累和技术变化创造了三个主要相关的经济和社会的不平衡。第一，资本家发展给地区经济造成了强大的压力和紧张；第二，资本家发展产生了不同工业和经济部门的不平衡；第三，积累和技术创新孕育了财富和收入分配的不公平。这些不平衡被艾瑞克·霍布斯邦（Eric Hobsbawn）称为"社会分裂的节奏"，不仅是构成资本主义发展所必需的，而且被商业阶级认为是财富增长和改变的标志。进而，市场的力量不仅不能消除不平衡，反而扩大了不平衡，因为产品需求变化具有乘数效应。

这些不平衡也仅仅存在于资本主义的早期阶段。现代资本主义，像19世纪的资本主义，是无计划的。但是现代模式在两方面的不同，可以解释对穷人的永久补助实则是有助于垄断资本主义发展的财政现象。第一个不同是由垄断行业运行的巨大公司所主导的经济相比竞争性的经济更倾向于产生更多的不公平。不公平的来源是垄断价格规定。个人商品的短缺和过剩以社会不平衡的形式显示他们自身。例如，汽车业的衰落不会伴随低价格和工资，而是上涨的失业。此外，垄断行业市场的国家角色表明，经济和社会不平衡不再

① Frances Fox Piven and Richard A. Cloward. Regulating the poor: The functions of public welfare ［M］. New York: Pantheon Books, 1971: xvii.

受制于特定的地区、工业和职业，而是倾向于经济扩充。最后，为使经济稳定发展，联邦政策的制定尽力减弱经济不景气带来的负面影响，同时要减少低效率企业的延续，因为从长远来看如果让企业存在的话，政府需要给予更多的救济。

竞争和垄断资本主义的第二个不同涉及观察经济社会不平衡和对其起作用的路径。竞争性的资本家对价格、生产和分配几乎没有什么操控力。失业、地区不发达和共轭破产表现为"自由市场"的天然附随物。不过，工资的水平和结构是竞争决定的，单个资本家无法发展和实施一项工资政策。这样，工资变化对生产规模和组成的影响、技术的部署、失业的影响就表现为超越人类控制的个人力量的结果。因为各种不平衡被资本和国家接受，并认为理应如此，还有资本的意识形态是控制的意识形态，不平衡的不可避免、永恒性以及短暂危机倾向于被社会所接受。

随着垄断资本的演化和无产阶级的发展，这种宿命论的态度经历了复杂的变化。商业企业逐步发展生产和市场控制的经济和政治技术。寡头公司彼此之间逐步采用巴纳（Bana）和斯威齐（Paul Marlor Sweezy）定义的"活也让别人活的态度"。在这种背景下，由资本主义发展产生的不平衡开始有助于大公司、大工会、政府机构的自觉政策，而非个人的市场力量。法人资本、小规模资本和工人阶级开始为特定的人类委托做特定政策的准备。

垄断资本和组织工人之间一致性的中心假设——迅速提高的GNP 是应对劳动力动乱和交战的最好保证，那些动乱等会打破生产进程。国家收入的蛋糕越大，分配引起的冲突就越少。类似地，海外扩张和国内市场深化是对抗社会和政治动乱的最好方法。

实践上，这种理念还没有被作为曾一度所希望的权力精英和公司政策计划者实施。主要原因是技术进步和经济增长带来的收入不能公平分配，但是已经集中在支配垄断行业的大公司以及垄断和国有企业的专家、技术、白领和蓝领工人手中。更为特殊的是，缺乏一个自动机制可以让竞争性企业的工人按照数量和需求的比例，分享由技术进步带来的成果。相反，因为技术进步产生了相对剩余人口，垄断行业的资本积累更容易产生更多的贫困。同样，没有机制可以确保竞争性行业的小商人和农民可以获取由技术进步和资本积累引起的国民收入增加的合理份额。

进一步来说，社会投资和社会消费的收益倾向于首先流向垄断资本和组织工人，但是成本移交给竞争性行业的资本和工人。换句话说就是，不仅垄断行业的传统机能造成了竞争性行业的贫困，而且社会投资和社会消费的增长更加强了两个行业间的矛盾。从垄断部门的角度来看，技术劳动力和资本密集型技术的结合，比不熟练的劳动力或半熟练的劳动力和节制资本型的技术结合更为理性，因为培训劳动力的成本是由竞争性行业的资本和劳动力支出的税收来承担。这样，与垄断行业劳动力相关的剩余人口的数量，在调控垄断行业工资率方面将不会发挥重要作用，因为不熟练工人无法和技术工人竞争。长远的影响就是垄断行业扩张引起的剩余人口数量的增加。用约瑟夫·A. 佩克曼（Joseph A. Pechman）的话就是，"底层阶级还不能把控他们的经济"①。

由于工资低于现行的人也不能在垄断部门就业，竞争部门的失业、部分就业和低工资就业，过剩人口逐渐依赖于国家。各种各样的福利预算通过划拨来自收入高的垄断和国有部门的税金，间接或者直接地送到过剩人口手中。国家机构、政府部门和专家等共同管理福利预算。换句话说，垄断部门工人的真实工资通过社会投资和社会消费将成本社会化方式不断提高，为垄断部门发展所需的生产的社会成本融资进行的税收和通胀减少。在这个意义上，国家预算是一个复杂的机制，它来回地将收入在工人阶级中进行再分配，这些都是保证工业和社会政治和谐，提高生产率，同时加速垄断部门的积累和增加垄断部门的利润。

2. 美国社会福利制度产生的背景

资本主义积累的一般规律表明了剩余价值的生产与资本积累和工人阶级贫困的必然关系。资本主义因为内在不可调和的矛盾避免不了经济危机的爆发，经济危机带来的经济萧条使得工人阶级的处境更为艰难。但是，资本的积累要求国家垄断资本主义对经济进行干预。因此，社会福利制度就是国家调节经济和社会生活的重要手段。美国作为后起的资本主义国家，在福利制度方面起步比较晚，20世纪以前的美国奉行自由主义，国家的角色仅是市场的"守夜人"。所以，国家限于当时的情况，对民众的福利事业关心很少，只有州、地方政府以及慈善组织对贫困者和事业人员提供有限的救济。

---

① Joseph A. Pechman. The Rich, the Poor, and the taxes they pay [M]. Brighton: Harvester Press, 1986: 25.

19世纪末20世纪初，自由资本主义开始向垄断资本主义过渡，这是资本加速积累和经济迅速发展的阶段，同时也是失业后备军日趋扩大、劳动人民日益贫困、阶级矛盾进一步激化的阶段。美国经济在20世纪20年代经历了短暂的繁荣后，便陷入1929—1933年世界范围内的资本主义危机的泥潭中，出现生产停滞，失业率急剧上升的问题，经济的迅速衰退使得广大劳动者阶级处于更为贫困的境地。与此同时，工人阶级的队伍不断扩大，工人运动也在蓬勃发展。为了缓和阶级矛盾，同时也是为资本的生存和发展提供和平的环境，美国联邦政府不得不在考虑阶级利益的前提下，对生产关系做出一些调整。社会福利的问题就作为生产关系调整的一部分内容被联邦政府提上了议程。

二、福利制度的发展和工人运动

1. 工人运动对社会福利制度的促进作用

对垄断企业的工人来说，剩余劳动力要求越来越多的国家筹资社会服务和津贴。不像组织工人，他们被迫为预算中的增加份额而斗争。垄断资本在他们的福利中没有直接的经济利益，当组织工人偏好工资有一个最低限度时，他们不太愿意为福利买单。只要种族和性别制度结构不变，剩余人口将不能竞争收入较高的垄断部门工作。因为小规模的资本想要工资保持低水平，这样它就能够继续反对提高竞争部门工资的社会计划。

过去20年中，作为国家立法危机和竞争部门工人生活标准恶化的后果，增加过剩人口的数量已经是对利于垄断部门的预算优先权的抗议了。国民运动和黑人组织、其他少数民族、妇女、福利权利团体，当地保险运动和社区团体斗争抗议当地福利、健康和其他行政部门，已经迫使联邦、国家和当地政府扩大福利标准，发展新的福利相关的计划，增加政府补助金，等等。

过剩人口的觉醒已经导致国家预算的增殖，目的是镇压暴乱运动和组织。福利体系已经迅速扩张，伴随着美国住房和城市发展部（HUD）、美国平等保护局（OEO）、其他联邦机构、成千的新地方国家和类似国家机构的发展。补贴，尤其是针对教育、再培训、儿童、住房、交通和健康。公共援助支出在 20 世纪 60 年代占联邦预算总额不到 2%，在近几年已经急速上升，因为合格的准备已经放宽限制，更多人可以行使他们的权利，同时收益已经上升。

然而，在国家和地方水平，对于扩大给少数民族和穷人的福利和社会预算，激烈的政治抗议一直在持续。一个原因是竞争性企业中有政治影响的小商人和农场主需要大量的劳动力储备来保持低工资和高利润。另一个原因是垄断资本在国家和地方层面上几乎都没有反应阶级优先权的计划。专家、白领、垄断行业工人和其他纳税人都反对福利。最后，地方和国家政府因为财政危机在近两年已经反对增加福利，并且大幅减少福利预算。尽管联邦政府承担了一半的福利支出，但是国家和地方政府仍然控制福利计划，极力控制收益。

当救济需求增加时，国家和地方政府对福利支出的反对已经迫使国家政府意欲重新定义整个问题，并且建立新的计划来满足最小的需求同时压制暴乱运动。直到最近，公司领导人把工资系统看作社会规则的重点模式，而且相信永久的福利体系和官僚制度的发展将会决定工资体系和社会规则。例如，令人恐惧的是，公共资金的控制将逐渐渗透到福利工人甚至是穷人手中。

受传统主导，地方、国家和联邦政府官员在 20 世纪 60 年代集中于设计更为严格的控制和让人们远离福利名单进入立法的就业中。1961 年，第一枪由纽伯格的城市管理发出，试图取缔福利骗子。几乎没有异议，国家新闻舆论赞同纽伯格的福利改革。但是研究表明，欺骗是一个不重要的问题。

大量不道德的商业行为案例，以及在劳动力培训、发展和教育项目中存在众多福利欺骗的命题，已经败坏了名声，因此，联邦政府开始传播这样的观念：福利问题归因于就业机会、给母亲的日托中心的缺失，还有社会中缺少对工资的权利认知。换句话说，联邦官员第一次认识到国民生产总值、总就业、贫穷以及福利名单是同时增长的。在随后的几十年中，暗含的意思出来了，就是贫困是资本主义体系的一个总体特征，福利开支和收入维持不是经济萧条时期的权宜之计，而是政治经济的永久特点。

这样，国家开始试验不同的劳动力发展和工作创新项目。国有部门的工作创新不是一个新的创意。但是穷人劳动力培训相对来说是个现代概念，受到大多数人的关注。

现在，医疗器械行业协会（MDTA）的限制是明显的。它将小规模资本的劳动力培训的一些成本社会化并且因此赢得了小商业的支持，但是它无法解决贫困问题。因为最新培训的工人被遣送到低工资的竞争部门。问题不是能否得到工作，而是贫困家庭的生活收

入。如果有足够的日托能力，医疗网站估计在 1968 年有不到 2.5%
的福利接受者可以工作。

　　因为传统住房、福利和 MDTA 式的计划不能明显缓解贫困，联
邦政府已经承包健康和食物支出，并且制订计划承担穷人的住房。
从长远看，更为重要的是收入补助体系，它将为穷人提供永久的让
步。由尼克松总统提出的一个计划将保证福利家庭至少有 2400 美元
的年收入，同时为贫困工人提供不同等级的补助。一个和尼克松计
划近似的 1971 年（HR1）通过的住房法案，它取消了福利，老龄、
残疾、学龄前儿童家庭被排除在外。为了达到控制整个社会的目的，
实验性的计划在一些州正在实施，他们试图改变穷人的行为。

　　不管诸如"独立刺激"的社会控制体系，还是联系补助金和工作
的福利改革，在没有削弱社会规则的情况下都将会成功并且发展，而
且努力工作的意识依然存在。正如皮温（Piven）和克劳德（Cloward）
所指出的那样，救助支出在社会和政治混乱阶段将会扩张，而在混
乱减少的时候减缩。当通过经济发展减少了贫困时，社会和政治秩
序才会恢复。然而正如我们看见的，贫穷来源之一是垄断部门的扩
张。因此在最后的分析中，生产的社会费用很可能会持续增加。和
福利支出水平上升一样，对于过剩人口的政治控制将会出现的基本
情况是，社会产业综合体的全面发展，包括城市和农村社会经济的
发展。

　　2. 美国社会福利制度的发展和工人运动

　　（1）1931 年工人运动拉开了美国社会福利发展的序幕

　　1930—1932 年，世界性经济危机的发生引发了大规模的工人运

动，其主要集中在失业者的反饥饿斗争运动上。为了更好地组织和协调各地失业者的斗争，美共提出了《在失业者中间开展工作的纲领》，提出了具体的要求，这些要求包括实施失业保障制度，救济金相当于工人工资，适应工人需要组织整个社会保障工作，建立由工人代表管理的就业机构网，由联邦、州和地方政府给失业者提供救济。1930年，工人运动采取了新的斗争形式——反饥饿运动。从1931—1932年，美共组织了两次全国性的向首都华盛顿的反饥饿进军的斗争，要求紧急失业救济，帮助困难的农民，增加向退伍军人支付退伍金的要求。失业者的斗争迫使联邦政府关注社会保障问题。比如，1928—1933年，通过养老金法的州由七个增加到二十七个。1933年，国会开始讨论联邦养老金法案。1931年和1932年有七个州通过法律，为失业救济拨款。1932年，威斯康星州首先通过了失业保障法。美共领导的工人失业者运动拉开了社会保障立法的序幕。

（2）美国社会福利制度的开拓时期（1935—1965年）

1935年6月27日，国会通过了《国家劳工关系法》，主要原因是工人在1934年为争取组织工会和集体议价的权利进行了罢工。《国家劳工关系法》的颁布在一定程度上推动了工会的发展，但是，这遭到了资本家的竭力反抗。许多资本家采取了各种方法把公司工会变成"独立工会"，以此来逃避法律的限制。资本家由于不服从全国劳工委员会的制裁，继续向法院申诉，导致案件的处理时间延长很多。而这点对工人很不利，结果在这个法令下，工人的"合理的和民主的权利并未得到充分的保障"。这是激发1937年罢工浪潮的主要原因之一。

经过长时间的酝酿后，1935 年国会通过了《社会保障法》。艾森豪威尔入主白宫后，将联邦保障局升格为健康教育和福利部。1954 年国会通过《社会保障法修正案》，扩大了社会保险范围，增加了 1050 万个社会福利受益者；联邦政府按各州每人收入水平给予联邦补贴，穷州比富州可以得到更多的补助；批准对残疾人及其家属提供补助；等等。从此美国社会的福利事业走上了系统化和制度化的道路。

（3）美国社会福利制度的发展成熟时期——"伟大社会"运动

约翰逊总统的"伟大社会"运动是建立在肯尼迪政府基础上的。1961 年，肯尼迪政府建议放宽《社会保障法修正案》对"抚养未成年子女家庭补助"的范围，要求提高老年和遗属的补助金额，放宽其保险条件。

肯尼迪总统遇刺后，约翰逊总统发展了其对社会福利的设想，对社会保险法做了重大补充，并两次提高退休津贴。他还使国会通过了《美国老人法》，增加了老人医疗的《医疗照顾方案》和为穷人设立的《医疗补助方案》，并逐渐增加对贫困的抚养未成年子女家庭的补助金以及食品券项目。1965 年国会通过《中小学教育法》，并对接受高等教育的有才华而经济困难的学生给予补助。之后，这场"伟大社会"运动迅猛发展，充分扩展了社会福利的内容、范围与层次，使穷人、老年人、妇女、儿童及残疾人都得到了相应的保障。

（4）社会福利制度的"滞胀"期

"伟大社会"运动把美国的福利事业推向了鼎盛时期，之后社会保障进入了一个高速发展的状态，导致美国在这方面的支出增长速度超过国民生产总值增长的速度，这样长期的积累使得国家在经济方面的负担逐渐增加。尤其是在 20 世纪 70 年代中期至 80 年代初，美国经济陷入"滞胀"的泥潭中。尼克松上台后，受到传统的以充分就业为中心的经济政策的影响，仍然推行了一些刺激经济的福利措施。继尼克松之后的卡特和福特政府在这方面基本没有什么贡献，然而福利支出削减的思潮已经悄然兴起。

（5）美国社会福利制度的转折点

里根政府对社会福利事业的发展造成极大的影响。实际上福利项目支出的削减使得贫困化问题进一步严重，社会贫富差距悬殊问题更加突出，这与里根政府所坚持的削减社会福利没有损害真正需要扶助的人的观点恰恰是相反的。

（6）美国社会福利制度的新发展

20 世纪 90 年代，面对经济衰退的局面，克林顿上台后提出了一系列新的经济政策。在社会福利政策方面，他倡议"变福利为就业"的福利计划，将福利和扩大就业、教育、职业培训等紧密联系起来。1993 年，克林顿提出的一揽子计划保障社会经济的发展。

从以上美国社会福利制度形成和发展的历程来看，其形成和发展初期的重要推动力量源于工人运动和国际共产主义运动的影响。随着社会结构的中产阶级化，同时联邦政府实行一系列的社会福利制度，在一定程度上缓和了阶级矛盾，之后社会福利制度的改革发展还是与国家的经济形式联系在一起的。也就是说，美国社会福利制度的目的并非服务于普通的广大劳动人民，而是根据资本利益的需要来制定和实施的。当然，我们不可否认的是社会福利制度披着"安全网"的外衣，确实也给劳动者带来了一定好处。

三、福利支出膨胀和福利体系的衰退

1. "膨胀"与"衰退"的矛盾

美国社会保障制度从 20 世纪 50 年代到 20 世纪 70 年代的发展具有明显的成效。社会福利制度在 1967—1980 年由于艾森豪威尔政府的"伟大"社会运动进入成熟发展阶段。联邦政府的行动得到了共和党、民主党以及左翼势力、右翼势力共同的政治支持，导致用于社会福利事业的总开支在此期间变得相当庞大。1976 年美国政府福利开支达到 3324 亿美元，分别占国民生产总值的 20.9% 和政府财政支出的 60.3%。尽管到了 20 世纪 70 年代中期以后，由于石油价格急剧上涨，美国经济开始衰退，巨额的社会保障支出导致联邦政府财政难以为继，至此保障支出开始回落。1980 年，美国的社会福利开支占国民生产总值的比重降低到 18.6%，到 1985 年时仅为 18.4%。20 世纪 90 年代以后，克林顿政府扭转社会福利的滑坡，社会保障支出也随之增加。

从美国社会保障支出的长期发展趋势来看，如图 4-5 所示，美国社会保障支出的绝对数量在增长，而且增长的速度是越来越快的。社会福利支出的膨胀理应为社会的保障人群带来更多更好的待遇，但事与愿违，美国社会福利体系从 20 世纪 90 年代以后呈现出衰退的迹象。樊鹏（2012）在论证西方国家的高赤字模式并不是社会福利发展的结果时，指出美国在社会福利开支膨胀的同时，美国的社

会福利体系却是衰退的。他认为美国社会福利体系的衰退首先体现在美国社会的中坚——中产阶级处于不断萎缩中。美国人口普查数据显示,1999年以来的平均家庭收入已经下降了7%,从历史最高的5万多美元下降到不到5万美元,其中10%的最低收入家庭的平均收入减少了12%。2012年的平均家庭收入水平和1996年是相当的。米歇尔(Mishel,2003)指出,"美国有占总人口16.9%的人生活在贫困之中,是总体贫困率最高的国家……美国的贫困还更为持久,(并且)儿童的贫困率也是最高的(22.3%)"①。其次,美国的家庭福利政策中有一项叫做"失依儿童家庭补助"计划,后来改为"贫困家庭临时援助金"。以1994年为分界线,1994年之前接受补贴的家庭数量是上升的,但是1994年之后就急速下滑。同时接受补助家庭的补助金数量从20世纪50年代以来是不断增加的,到20世纪80年代时又开始回落,2012年的水平甚至比20世纪50年代的还要低。最后,防御性社会保障不足。以美国的医疗保健体系为例,2009年医疗方面的保障支出达到了2.4万亿美元,占国民生产总值的17.4%,这项数字是OECD成员国平均数字的1倍。尽管美国是公认的人均医疗保健投入最高的国家之一,但是它却没能够实现全民医疗保险。在奥巴马试图推行医疗改革时,美国约有5000万的人是没有医疗保险的,而少数拥有私人保险的人在使用大部分的医疗保险金,这也是"华尔街运动"爆发的原因之一。

---

① 多德. 不平等与全球经济危机 [M]. 逸昊,译. 北京:中国经济出版社,2011:133.

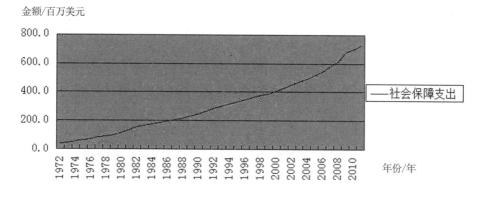

图4-5 1972年以来美国历年社会保障支出情况图

数据来源：美国国会预算办公室网站：http://www.cbo.gov/publication/44972.

2. 社会福利制度的实质

美国社会保障制度从产生到发展一方面得益于工人阶级争取自己的权利，另一方面是资本家为了资本积累创造条件和环境。战前20世纪30年代的经济危机导致的高失业率使阶级矛盾尖锐化，严重危及美国的社会安全。正是在这种形势下美国政府才将社会救济提到议事日程上来。战后，美国的工人阶级受到社会主义国家实行的社会福利制度的影响，再度发起运动，将阶级矛盾尖锐化。慑于工人阶级的强大斗争，美国政府在此方面不得不做出让步。

美国之所以实施较广泛的社会保障制度，不仅因为可以给资本的发展提供稳定、和谐的环境，而且还因为这样做有利于经济的发展和利润的增殖。政府和企业给予劳动人民较高的福利和待遇，解除他们在失业、年老、患病、伤残时无法生活的后顾之忧。这在一定程度上调动了劳动者的积极性，有利于劳动生产率的提高。福利待遇的提高，在平时可以提高社会购买力，增加社会消费，扩大国内消费市场，为保证资本家顺利扩大再生产，增加资本积累创造有利的条件。在发生经济危机和生产停滞时保证失业者和贫困阶层具有一定的购买力，从而缓和危机的发展，减轻危机造成的损失和对社会的冲击。像教育、职业培训和医疗保健等方面的福利支出有利于提高劳动者的素质，减少失业人数，适应新兴产业对熟练劳动力和技术工人的需要，达到提高劳动生产率和增加利润的目的。

因此，垄断资本主义国家是把扩大社会保障范围，增加社会保险津贴、社会福利补助及社会救济金作为提高劳动生产率的重要手段，其根本目的还是为剩余价值的再生产和资本积累而服务。

第五章

关于当代发达资本主义国家剩余价值再分配的争论

第一节 紧缩性和扩张性政策争论

一、布什政府重启赤字政策

在小布什上台之前的 2000 年，美国经济已经出现了一些不利的因素。当年，美国的失业率为 4.0%，降到了近十年来的最低，预示着经济发展周期达到了高峰。尽管在 2000 年，GDP 的增速达到了4.1%，但在下半年，经济速度已经明显放缓，尤其是第三季和第四季度的实际国民生产总值增长率仅为 1.3% 和 1.9%。美国经济在 2001 年 3 月达到高峰值后，结束了克林顿总统的"美国新经济"的扩张阶段，开始进入了衰退期。战后美国经济衰退的持续时间不是很长，人们期望可以通过赤字的扩张性政策恢复经济增长。但是"9·11"打破了这种可能，反而让经济陷入更加困难的境地。根据美国劳工会的统计，2001 年 10 月份美国的失业率为 5.4%，创下了近五年来的新高。10 月份美国的就业岗位减少了 41.5 万个。航空业、旅游业、运输业以及工业生产等方面都遭到重创，纷纷削减就业岗位。

面对如此状况，布什政府在 2001 年 2 月实施减税措施，以刺激消费和投资，从而恢复经济。但预期效果并不如意，6 月后的连续三个月的国民经济发展水平几乎为零。然而在"9·11"事件发生后，美国众议院通过了 1000 亿美元的减税计划。2003 年 8 月 8 日，《纽约时报》指出，"在三年前股票市场泡沫破裂以后，技术支出一直减少，并且在过去几年中，商业投资总体上仍是经济中最为薄弱的环节。企业转变了战略，它们用尽一切可能的办法从现有的工人身上残酷榨取更多的产品"。2007 年起，工作岗位数量以更快的速度减少，从一个月 550000 直到"看不到岗位减少的尽头，二月份当中已经削减了 663000"。（《纽约时报》，2009 年 4 月 4 日）2003 年 5 月，美国国会再次通过了一项总额为 3500 亿美元的减税法案。2008 年 1 月，布什政府再次实施了金额达 1450 亿美元的减税方案，这是布什政府的第四次减税措施。

在政府支出方面，布什总统推行增加政府支出的政策，主要表现在大规模扩大国防开支和发展导弹防御计划。2004 年财政年度的军事开支达 3800 亿美元，比 2003 年高出 4.2%。2008 年 11 月 17 日，《国际先驱导报》报道，"五角大楼的预算，包括在伊拉克战争和阿富汗战争中的花费，已经达到了 6850 亿美元，以美元实际价格计算，比 2000 年增长了 85%，等于世界上其他所有国家国防预算的总和，是'二战'以来的最高水平"①。除了直接军费支出外，还有间接军费。2002 年 10 月到 2003 年 9 月，"基本预算"是 4370 亿美元（和越南战争高潮时的情况基本相同）。但这个数字还忽视了许多重要的"附加"，如对外军事销售、军事航天计划、退伍军人福利和退休金、对外军事援助以及因军事支出而发行的国债的利息。根据赛弗（Cypher，2002）的估计，若把这些都加在一起，该年度的真实军费预算还将增加 2/3。换句话说，不再是 4370 亿美元，而是7000 亿~9000 亿美元（这还不包括中央情报局和其他秘密政府机构的费用）。"五角大楼达到了费用支出的又一个新高度：2009 年提交的预算（经通货膨胀调整）将使第二次世界大战的支出水平相形见绌……而这还不包括对伊拉克战争、阿富汗战争或核武器的'补充支出'。"（《国家先驱导报》，2008 年 2 月 4 日）此外，布什政府还在医疗保健、高科技研发、教育和环境等方面增加拨款。布什政府的扩张性政策导致美国 2007 年的赤字达 3422 亿美元，国债为 5 万多亿美元。剩余价值再分配的收入由于经济低迷而受到影响，一项数字就可以说明这个问题。2008 年经过通货膨胀调整后的美国平均家庭收入水平低于十年前的状况，这是第二次世界大战后首次出现的。减税、战争、增加政府开支以及减缓的经济迅速把克林顿时期积累的财政盈余耗尽，并且转为大规模的赤字。表 5-1 明显地反映了这种变化，2000 年和 2001 年的美国财政延续了克林顿政府时期的经济繁荣，表现为财政盈余，分别为 2362 亿美元和 1282 亿美元。

---

① 多德. 不平等与全球经济危机 [M]. 逸昊，译. 北京：中国经济出版社，2011：119.

不过，2001年的盈余比2000年减少了将近50%，印证了上面提到的经济出现衰退的迹象。从2002年开始，受到布什政府减税和增加政府支出措施的影响，美国的财政转变为赤字。

表5-1 2000—2011年美国财政收支情况表

财政年度 （年）	财政收入 （10亿美元）	财政支出 （10亿美元）	赤字（−）或盈余（＋） （10亿美元）
2000	2，025.2	1，789.0	236.2
2001	1，991.1	1，862.8	128.2
2002	1，853.1	2，010.9	−157.8
2003	1，782.3	2，159.9	−377.6
2004	1，880.1	2，292.8	−412.7
2005	2，153.6	2，472.0	−318.3
2006	2，406.9	2，655.1	−248.2
2007	2，568.0	2，728.7	−160.7
2008	2，524.0	2，982.5	−458.6
2009	2，105.0	3，517.7	−1，412.7
2010	2，162.7	3，456.2	−1，293.5
2011	2，302.5	3，598.1	−1，295.6

数据来源：美国国会预算办公室的官方网站：http://www.cbo.gov/publication/45067.

二、奥巴马政府的财政辩论

1. 2009年奥巴马（Barack Hussein Obama）的经济刺激案和赤字危机

2008年金融危机的爆发给美国经济造成了严重损失，打破了通过赤字政策帮助经济走出萧条的希望。随着金融危机引发的经济大面积瘫痪，美国失业人口在不断攀升。根据美国劳工部的数据，2008 年 8 月和 9 月的失业率是 6.1%，10 月份又提高到 6.5%，全国总失业人数达到了 1101 万人，创 14 年以来的最高纪录。为此，布什政府提出了高达 7000 亿美元的救援计划，这也是"大萧条"发生以来最大的一次金融救援计划。

2009 年 2 月，奥巴马在国会演讲中提出了基于国内目标的一系列计划，包括支持亟须改进的政府医疗和教育项目。诺贝尔经济学奖获得者保罗·克鲁格曼（Paul R. Krugman）在 2009 年 3 月 10 日就已事先指出，"这是一个令我害怕的画面：2009 年 9 月，失业率已经超过了 9%；监管第一轮刺激性支出已经出台，但这一数字还在继续上升。奥巴马最终不得不承认还需要更大的经济刺激。但他没有办法让国会通过这个新的计划，因为他的经济政策支持率正直线下降，其原因部分在于这些政策看起来行将失败，同时也因为公众眼里的岗位创造政策已经和深受反对的银行紧急资助计划联系在了一起。其结果将使衰退毫无限制地继续肆虐。好吧，这只是一种警告，而非预言。但是经济政策已经落伍，并且不断增长的危险确实存在，即政策将永远无法赶上现时的需要"。事实如克鲁格曼所料，奥巴马就职不到一个月就签署了总额高达 7870 亿美元的《美国复苏与在投资法案》，这部法案预算主要分布在减税刺激消费、对基础设施的投资、新型能源领域的投入。但是国家经济还在继续萎缩，工作岗位仍在消失，医疗成本持续上升，而（本身就存在不足的）补助金还在减少（工业领域最为明显）。各州还在削减已经十分微薄的教育开支。根据 CNN 的报道，截至 2009 年 8 月，美国联邦政府的税收与 2008 年的前 8 个月相比下降了 25%。国会预算管理局预计，税收占国民生产总值的比例也从历史平均水平的 18.3% 大幅下降到 14%。另外，个人所得税的收入下降了 20%，公司所得税的收入更是惊人地下降了 56%。

表 5-2　2001—2011 年美国历年债务情况表

财政年度 （年）	债务总额 （十亿美元）	债务年度 增长比率（%）	GDP 增长比率（%）	债务占 GDP（%）
2001	5769.9	2.51	4.12	56.4
2002	6198.4	7.43	3.12	58.8
2003	6760.0	9.06	4.13	61.6
2004	7354.7	8.80	6.43	63.0
2005	7905.3	7.49	6.50	63.6
2006	8451.4	6.91	6.26	64.0
2007	8950.7	5.91	5.04	64.6
2008	9986.1	11.57	3.62	69.7
2009	11875.9	18.92	-2.06	85.2
2010	13528.8	13.92	2.91	94.2
2011	14764.2	9.13	4.17	98.7

资料来源：美国白宫预算管理办公室 http：//www.whitehouse.gov/omb/budget/ Historicals.

在收入减少的同时，美国联邦政府还要制定刺激经济的一系列措施以恢复经济，这就增加了政府的开支。奥巴马上台后连续制订了两次大规模的经济刺激方案，资金超过了 1 万亿美元，造成了联邦政府支出占国民生产总值的比例从 2008 年的 20.7% 飙升到了 2010 年的 23.8%。由于收支两方面的逆差，美国联邦债务迅速上涨。尤其是 2008 年金融危机以来，奥巴马政府执行期间的债务发展速度非常快。截止到 2011 年，美国联邦债务总数达到了 14.7642 万亿美元，并且在 2008 年后，债务的年度增长率都超过了 10%，更有甚者，2009 年达到了 18.92%。在这种情况下，美国状况急速恶化，逐渐演化为 2011 年的债务危机。

2. 2011 年两党的财政辩论和《2011 年预算控制法案》

截止到 2011 年，美国政府的累计债务高达 14.8 万亿美元。如果联邦政府不提高债务上限，联邦政府将会面临主权违约，导致政府关门，各种社会保障、公共医疗和教育等方面的支出也会因此受到影响。美国经济的情况随着工人失业率提高、社会不稳定因素增多陷入更深的危机中。而美国两党就债务上限展开了激烈的剩余价值再分配政策争论，究竟要采取紧缩性还是扩张性政策。在激烈交锋中，共和党和民主党都从代表的集团利益出发坚持各自的政见，前者认为要大幅度削减政府支出来解决赤字问题，后者则认为紧缩的经济急刹车会影响经济复苏的进程，两党在联邦债务上限以及平衡预算案等方面争论不休。直到 2011 年 8 月 1 日，美国联邦众议院针对上调债务上限和减少赤字的议案才投票通过。议案要求未来十年将减少赤字 2.5 万亿美元，以避免国家财政危机的发生。而国会通过《2011 年预算控制法案》是有条件的，即共和党允诺从 2012 年开始削减预算开支。备受国际关注的财政辩论暂时告一段落。

3. "财政悬崖"引发的争论

其实在 2000 年,奥巴马政府就成立了一个两党合作的国家财政责任和改革委员会,为未来削减赤字做准备。这个委员会在 2010 年11 月曾经提出,试图对军事开支进行削减,缩减社会保证和医疗保险等政府支出,但最后遭到了两党的否决。2012 年 2 月,奥巴马总统向国会提交了一份财政预算,实施了 40 年以来最为紧缩的政策。同年 8 月 22 日,美国国会预算办公室(CBO)指出,如果国会不及时采取措施维持现有的税率并且避免大量削减政府支出,2013 年美国经济将要陷入衰退。这里的关键就是美国联邦储蓄委员会主席伯南克曾经提出的"财政悬崖",其专指 2013 年 1 月 1 日这个时间点。在这个时间点上,小布什政府的减税政策、奥巴马政府的薪资税减免以及失业补偿延期政策将同时到期,导致的结果就是联邦政府支出骤减,势必引发经济走向衰退。两党针对是否通过采取新的减税或政府开支政策来避免"财政悬崖"带来的负面效应,又一次展开了激烈争论。一周以后,美国达成了妥协性的 2013 年财政预算草案。美国联邦政府将获得 6 个月的运行资金,可以将"财政悬崖"的危机向后推迟 3 个多月。2013 年 1 月 2 日,美国又成功达成协议以避免经济衰退。此协议要求提高高收入家庭的所得税,延续失业福利保障,继续推迟政府削减支出计划两个月,取消所得税优惠政策。同年 3 月 1 日,美国联邦政府开始启动削减政府支出计划 850万美元。在这之前,奥巴马给共和党人施加压力的同时,美国国会不同意采取替代削减支出的方案。不过,追求削减政府预算支出的共和党人强调奥巴马总统谨慎展开自动削减赤字计划。因此,美国联邦政府被迫在全国范围内推行削减赤字的计划。紧缩性的政策并没有给美国经济带来预期的发展，2012 年第四季度经济几乎没有增长，尽管到 2013 年第一季度有所好转，但在 3 月 1 日政府启动自动缩减计划后，经济再度回到疲软轨道。

2013 年 4 月，紧缩性政策理论依据遭到质疑后，西方发达资本主义国家又掀起了对紧缩政策的争论。哈佛大学教授卡门·莱因哈特（Carmen M. Reinhart）和肯尼斯·罗格夫（Kenneth Rogoff）在其著作中提出了这样的结论："若一个国家公共债务占 GDP 的比例超过 90%，经济增长会大幅减速。"[①] 这个结论被认为是以美国为代表的西方发达资本主义国家实行紧缩政策的理论依据。当这两个学者的研究成果被爆出是错误的之后，学术界进入到纷扰的争论中。对紧缩政策持反对意见的认为，政府采取过度的紧缩性政策将导致经济、政治和社会结构遭到破坏。美国著名的经济学家保罗·克鲁格曼也是这派的支持者，他批判紧缩政策的教条主义者给欧美经济带来了危害，提倡政府增加支出，保持经济发展的态势。不管争论如何，美国的政治始终无法改变，依然继续实行紧缩性政策。民主党和共和党之间关于财政政策的争论变成了一种形式。凯恩斯主义者希望有更强的国家干预，"茶党"[②] 则呼吁一个小政府。当然有人提出要走出这种争论，如经济学家保罗·罗默（Paul Romer）提出我们更应该关注的是经济增长，这样就需要一个强有力的政府，而不

---

① Reinhart C M, Rogoff K S. Growth in a Time of Debt [J]. Social Science Electronic Publishing, 2010: 577.

② 所谓"茶党"，是指从 2009 年 4 月开始兴起的运动，参与者抗议失去控制的政府支出、在伊拉克和阿富汗的战事以及争论不休的全民医保方案。

是或大或小的政府。但是除了紧缩性或扩张性的政策，资本主义国家政府是否还有其他有效的摆脱经济周期性危机的办法呢？

第二节　剩余价值再分配"幻觉"
与国家财政危机

　　表5-3统计的是美国自1945年以来历届总统执政期间的债务变化情况。无论是共和党还是民主党，其执政前后的债务占国内生产总值的比例都不同，有降低也有增加。唯独增加的债务这个指标基本保持着增加的趋势，其中的特殊情况是克林顿执政期间实现的预算盈余使得增加的债务比上一年有所降低。即便如此，克林顿两任期间所增加的债务数额也高达1.12万亿和0.42万亿美元。到了小布什第二任期时，增加的债务量更是创下了历史最高水平3.21万亿美元。而美国政府应对经济衰退和经济膨胀的办法是在经济衰退时利用赤字来恢复经济，倾向于扩张性的政策；在经济出现膨胀时采取紧缩性政策。紧缩性政策和扩张性政策的循环使用似乎已经成了政府克服经济危机的灵丹妙药。剩余价值再分配的两种政策造成这样的一种"幻觉"：紧缩性政策和扩张性政策可以超越资本主义经济危机，并且屡试不爽。其实不然，以上分析的债务不断膨胀的趋势已经打破了这种"幻觉"。

表 5-3 历届美国总统执政期间国债变化表

总统	政党	执政期限（年）	执政开始时债务/GDP 比例（%）	执政后债务/GDP 比例（%）	增加的债务（$ T）	增加的债务/GDP 比例（%）
Roosevelt/Truman 罗斯福/杜鲁门	民主党	1945—1949	117.5	93.2	0.05	−24.30
Truman 杜鲁门 Harry Truman 哈里·杜鲁门	民主党	1949—1953	93.2	71.3	0.01	−21.90
Eisenhower 艾森豪威尔 Dwight Eisenhower 德怀特·艾森豪威尔	共和党	1953—1957	71.3	60.5	0.01	−10.80
Johnson 约翰逊 Lyndon Johnson 林登·约翰逊	民主党	1965—1969	46.9	38.6	0.05	−8.30
Nixon1 尼克松 1 Richard Nixon 理查德·尼克松	共和党	1969—1973	38.6	35.7	0.07	−2.90
Nixon2 尼克松 2 Nixon/Ford 尼克松/福特	共和党	1973—1977	35.7	35.8	0.19	0.10
Carter 卡特 Jimmy Carter 吉米·卡特	民主党	1977—1981	35.8	32.6	0.18	−3.20
Reagan1 里根 1 Ronald Reagan 罗纳德·里根	共和党	1981—1985	32.6	43.9	0.65	11.30

总统	政党	执政期限（年）	执政开始时债务/GDP比例（%）	执政后债务/GDP比例（%）	增加的债务（＄T）	增加的债务/GDP比例（%）
Reagan2 里根2 Ronald Reagan 罗纳德·里根	共和党	1985—1989	43.9	53.1	1.04	9.20
Bush GHW 布什 George H. W. Bush 乔治·赫伯特·沃克·布什	共和党	1989—1993	53.1	66.2	1.40	13.10
Clinton1 克林顿1 Bill Clinton 比尔·克林顿	民主党	1993—1997	66.2	65.6	1.12	-0.60
Clinton2 克林顿2 Bill Clinton 比尔·克林顿	民主党	1997—2001	65.6	57.4	0.42	-8.20
Bush GW1 乔治·沃克·布什1 George W. Bush 乔治·沃克·布什	共和党	2001—2005	57.4	64.3	1.15	6.90
Bush GW2 乔治·沃克·布什2 George W. Bush 乔治·沃克·布什	共和党	2005—2009	64.3	80（est）	3.21	15.7

数据来源：陈建奇. 霸权的危机：美国巨额财政赤字与债务风险研究［M］. 北京：中国社会科学出版社，2011：63.

之前，两种政策的支持者也相互遭到对方的批评，扩张性政策的支持者认为，要在根本上从社会经济中寻求导致预算赤字发生的症结所在，而单纯要求节约开支方面并不能真正解决预算平衡的问题。紧缩性政策支持者认为，强调增加支出，会造成预算赤字继续增大以致难以弥补的困窘局面，从而导致通货膨胀恶性循环的出现。尽管两派各执一词，互相攻讦，但美国政府交互推行紧缩性政策和扩张性政策的结果总是于事无补，国家的财政赤字总是有增不减。也就是，剩余价值再分配的紧缩性政策和扩张性政策都无法阻止或消除资本主义固有矛盾的爆发——经济危机，它不过改头换面成国家财政危机而已。正如马克思所指出的，财政等不过是资本社会关系在国家形式的概括，那么，国家财政危机也不过是资本主义经济危机的财政形式表现罢了。

结　论

　　本书在马克思的剩余价值分配理论和国家理论以及马克思主义国家理论的基础上，首先，从收入和支出尝试构建了马克思主义剩余价值再分配的理论基础。剩余价值再分配的收入原则是单个资本占有规律转化为"总资本家"占有规律，而支出原则体现在两方面：保障社会资本再生产和提供社会保障公共服务。其次，在剩余价值再分配的理论基础上，梳理了美国国家剩余价值再分配的历史演变过程，其中反映了国家预算形式的变化和经济危机的关系。尤其到20世纪70年代，资本主义国家更是掀起了关于紧缩性政策和扩张性政策的争论，当然这背后的根本还是资本如何寻求发展的问题。再次，通过数据和事实对美国剩余价值再分配的进一步分析，说明资本主义国家剩余价值再分配的本质是为资本积累服务的，其中表现出的公共性也是工人阶级斗争的结果。最后，当代发达资本主义国家剩余价值再分配依然在重复着20世纪70年代后关于紧缩还是扩张的争论。无论是紧缩性政策还是扩张性政策都无法阻止资本主义国家债务的膨胀，这同时也为国家财政危机埋下了祸根。越是使用这样的政策，就越加速了危机的发生。也就是说，资本主义国家是不能完全通过剩余价值再分配来解决资本内部矛盾的，它只能在一定阶段内缓解矛盾。因此，剩余价值再分配是难以超越资本主义阶级性的，尽管它有为社会提供公共服务的一面。

参考文献

一、中文部分

（一）著作

［1］帕里罗，等．当代社会问题［M］．周兵，等译．北京：华夏出版社，2002．

［2］包德列夫．资本主义国家财政［M］．黄京汉，黄江琳，袁宇彤，等译．北京：中国财政经济出版社，1986．

［3］达林．第二次世界大战后美国国家垄断资本主义［M］．三联书店翻译组，译．北京：三联书店，1975．

［4］吉布森–格雷汉姆．资本主义的终结：关于政治经济学的女性主义批判［M］．陈冬生，译．北京：社会科学文献出版社，2002．

［5］恩格尔曼．剑桥美国经济史［M］．高德步，蔡挺，张林，等译．北京：中国人民大学出版社，2008．

［6］尼尔．公共财政与美国经济［M］．隋晓，译．北京：中国财政经济出版社，2005．

［7］阿拉赫维尔江．财政在苏联国民收入分配中的作用［M］．张愚山，译．北京：财政经济出版社，1955．

［8］维金，因孔特雷拉，佩鲁西．纸变钱的游戏［M］．刘丽娜，译．北京：机械工业出版社，2009.

［9］克鲁格曼．模糊数学：布什税收政策导引［M］．何志强，邢增艺，译．北京：中信出版社，2009.

［10］克鲁格曼．美国怎么了：一个自由主义者的良知［M］．刘波，译．北京：中信出版社，2008.

［11］北京市财政贸易干部学校编．马克思恩格斯斯大林列宁论财政贸易［M］．北京：北京市财政贸易干部学校，1959.

［12］克林顿．希望与历史之间［M］．金灿荣，邱君，张立平，等译．海口：海南出版社，1997.

［13］戴蒙德，欧尔萨格．拯救社会保障一种平衡方法［M］．吕文洁，译．上海：上海财经大学出版社，2012.

［14］薛伯英．美国政府对经济的干预和调节［M］．北京：人民出版社，1986.

［15］斯诺登，文，温纳齐克．现代宏观经济学指南［M］．苏剑，朱泱，宋国兴，等译．北京：商务印书馆，1998.

［16］曾康华．当代西方税收理论与税制改革研究［M］．北京：中国税务出版社，2011.

［17］陈炳辉．西方马克思主义国家理论［M］．北京：中央编译出版社，2004.

［18］陈共．财政学［M］．成都：四川人民出版社，1997.

［19］陈共．财政学［M］．北京：中国人民大学出版社，2009.

［20］陈继勇，等．美国"双赤字"与世界经济失衡［M］．武

汉：武汉大学出版社，2012.

　　[21] 陈建奇. 霸权的危机：美国巨额财政赤字与债务风险研究 [M]. 北京：中国社会科学出版社，2011.

　　[22] 陈蒙蒙. 美国社会保障制度研究 [M]. 南京：江苏人民出版社，2008.

　　[23] 储玉坤，孙宪钧. 美国经济 [M]. 北京：人民出版社，1990.

　　[24] 褚葆一，杨思正. 当代美国经济新编 [M]. 北京：中国财政经济出版社，1989.

　　[25] 褚葆一. 当代美国经济 [M]. 北京：中国财政经济出版社，1981.

　　[26] 多德. 不平等与全球经济危机 [M]. 逸昊，译. 北京：中国经济出版社，2011.

　　[27] 邓子基. 马克思恩格斯论财政 [M]. 厦门：厦门大学出版社，1988.

　　[28] 邓子基. 马克思再生产理论与财政 [M]. 厦门：厦门大学出版社，1996.

　　[29] 邓子基. 财政学 [M]. 北京：中国人民大学出版社，2010.

　　[30] 邓子基. 马克思分配理论与财政 [M]. 厦门：厦门大学出版社，1995.

　　[31] 邓子基. 国家财政理论思考：借鉴"公共财政论"发展"国家分配论"[M]. 北京：中国财政经济出版社，2000.

[32] 邓子基. 马克思恩格斯财政思想研究 [M]. 北京：中国财政经济出版社，1990.

[33] 卡里. 奥巴马经济学 [M]. 刘旭妍，彭军，译. 深圳：海天出版社，2011.

[34] 丁晖，饶文军. 美国经济的困境：中国如何避免美国式危机 [M]. 北京：清华大学出版社，2011.

[35] 董全瑞. 收入分配差距国别论 [M]. 北京：中国社会科学出版社，2010.

[36] 高峻伊东，克鲁杰. 税制改革的政治经济学 [M]. 解学智，译. 北京：中国人民大学出版社，2001.

[37] 高凌江. 中国税收分配与税制结构问题研究 [M]. 北京：中国经济出版社，2011.

[38] 郭庆旺，三好慎一郎，赵志耘. 现代西方财政政策概论 [M]. 北京：中国财政经济出版社，1993.

[39] 哈贝马斯. 合法化危机 [M]. 刘北成，曹卫东，译. 上海：上海人民出版社，2009.

[40] 罗森，盖亚. 财政学 [M]. 郭庆旺，赵志耘，译. 8 版. 北京：中国人民大学出版社，2009.

[41] 何思敬. 马克思的国家与法权法税 [M]. 武汉：湖北人民出版社，1955.

[42] 斯坦. 美国的财政革命：应对现实的策略 [M]. 苟燕楠，译. 2 版. 上海：上海财经大学出版社，2010.

[43] 斯坦. 美国总统经济史：从罗斯福到克林顿 [M]. 金清，

郝黎莉, 译. 长春: 吉林人民出版社, 2011.

[44] 何子英. 杰索普国家理论研究 [M]. 杭州: 浙江大学出版社, 2010.

[45] 姬虹. 当代美国社会 [M]. 北京: 社会科学文献出版社, 2012.

[46] 沃尔顿, 罗考夫. 美国经济史 [M]. 王珏, 译. 北京: 中国人民大学出版社, 2011.

[47] 阿锐基. 漫长的 20 世纪: 金钱、权力与我们社会的根源 [M]. 姚乃强, 严维明, 韩振荣, 译. 南京: 江苏人民出版社, 2001.

[48] 杰索普. 思索资本主义国家的未来 [M]. 梁书宁, 译. 台北: 台北编译馆, 2008.

[49] 凯恩斯. 就业, 利息和货币通论 [M]. 徐毓枬, 译. 北京: 商务印书馆, 1977.

[50] 奥菲. 福利国家的矛盾 [M]. 郭忠华, 等译. 长春: 吉林人民出版社, 2006.

[51] 罗格夫. 这次不一样? 800 年金融荒唐史 [M]. 綦相, 刘晓峰, 刘丽娜, 译. 北京: 机械工业出版社, 2010.

[52] 黎帼华. 美国福利 [M]. 合肥: 中国科学技术大学出版社, 2002.

[53] 李心源. 经济全球化下的国际收入分配问题: 有关中国财税问题的思考 [M]. 北京: 中国税务出版社, 2012.

[54] 理查德·A. 马斯格雷夫, 佩吉·B. 马斯格雷夫, 等. 财

政理论与实践［M］.邓子基，邓力平，译.北京：中国财政经济出版社，2003.

［55］中共中央马克思恩格斯列宁斯大林著作编译局.列宁全集：第22卷［M］.北京：人民出版社，1958.

［56］刘畅.美国财政史［M］.北京：社会科学文献出版社，2013.

［57］刘明慧.政府预算管理［M］.北京：经济科学出版社，2004.

［58］刘怡.财政学［M］.北京：北京大学出版社，2005.

［59］刘永桢.资本主义财政学［M］.大连：东北财政大学出版社，1988.

［60］陆甦颖.经济衰退的历史答案：1920年代美国经济的多维研究与启示［M］.上海：上海三联书店，2009.

［61］罗杰斯.美国的贫困与反贫困［M］.刘杰，译.北京：中国社会科学出版社，2012.

［62］里根.里根自传［M］.本书翻译组，译.北京：东方出版社，1991.

［63］费尔德斯坦.20世纪80年代美国经济政策［M］.王健，译.北京：经济科学出版社，2000.

［64］马金华.外国财政史［M］.北京：中国财政经济出版社，2011.

［65］中共中央马克思恩格斯列宁斯大林著作编译局.马克思恩格斯文集：第5、6、7卷［M］.北京：人民出版社，2009.

［66］中共中央马克思恩格斯列宁斯大林著作编译局．马克思恩格斯全集［M］．中文第1版．北京：人民出版社，1956．

［67］中共中央马克思恩格斯列宁斯大林著作编译局．马克思恩格斯选集：第1~4卷［M］．北京：人民出版社，1995．

［68］谢若登．资产与穷人：一项新的美国福利政策［M］．高鉴国，译．北京：商务印书馆，2005．

［69］毛程连，庄序莹．西方财政思想史［M］．上海：复旦大学出版社，2010．

［70］美国经济讨论会《论文集》编辑组．美国经济讨论会论文［M］．北京：商务印书馆，1981．

［71］米利班德．资本主义社会的国家［M］．沈汉，陈祖洲，蔡玲，译．北京：商务印书馆，1997．

［72］布鲁斯．公共财政与美国经济［M］．隋晓，译．北京：中国财政经济出版社，2005．

［73］牛文光．美国社会保障制度的发展［M］．北京：中国劳动社会保障出版社，2004．

［74］费系拜克，希格斯，利贝卡普，等．美国经济史新论：政府与经济［M］．张燕，郭晨，白玲，译．北京：中信出版社，2013．

［75］普兰查斯．政治权力与社会阶级［M］．叶林，王宏周，马清文，译．北京：中国社会科学出版社，1982．

［76］齐秀丽．冷战与美国的国际收支调节政策1945—1969［M］．北京：中国社会科学出版社，2009．

［77］上海国际问题研究所．现代美国经济问题简论［M］．上

海：上海人民出版社，1981.

［78］恩格尔曼，高尔曼. 剑桥美国经济史：第二、三卷 ［M］.高德步，蔡挺，张林，等译. 北京：中国人民大学出版社，2008.

［79］汤在新.《资本论》续篇探索：关于马克思计划写的六册经济学著作 ［M］. 北京：中国金融出版社，1995.

［80］王书丽. 政府干预与1865—1935年间的美国经济转型 ［M］. 北京：人民出版社，2009.

［81］王文素. 财政百年 ［M］. 北京：中国财政经济出版社，2010.

［82］王晓峰. 美国政府经济职能及变化研究 ［M］. 长春：吉林人民出版社，2007.

［83］王永红. 美国贫困问题与扶贫机制 ［M］. 上海：上海人民出版社，2011.

［84］武普照. 近现代财政思想史研究 ［M］. 天津：南开大学出版社，2010.

［85］约翰逊，郭庚信. 火烧白宫：美债，从哪里来，往何处去 ［M］. 綦相，刘晓锋，译. 北京：机械工业出版社，2013.

［86］维伯，维伯. 资本主义文明的衰亡 ［M］. 秋水，译. 上海：上海人民出版社，2005.

［87］肖德义. 西方财政学 ［M］. 北京：中国财政经济出版社，1989.

［88］肖栋. 美国经济研究 ［M］. 北京：中国友谊出版公司，2007.

[89] 肖扬东.马克思主义国家理论的新进展:杰索普"策略关系"国家理论研究[M].上海:上海人民出版社,2012.

[90] 许沂光.美国破产[M].广州:广东经济出版社,2011.

[91] 许兴亚.马克思的国际经济理论[M].北京:中国经济出版社,2003.

[92] 斯密.国民财富的性质和原因的研究:下卷[M].郭大力,王亚南,译.北京:商务印书馆,1988.

[93] 杨仕文.美国非工业化研究[M].南昌:江西人民出版社,2009.

[94] 尹文敬.国家财政学[M].上海:立信会计图书用品出版社,1953.

[95] 郁建兴.马克思国家理论与现时代[M].上海:东方出版中心,2007.

[96] 张国昀.马克思主义经济学框架下的国家理论研究[M].北京:中国社会科学出版社,2013.

[97] 张恺悌,郭平.美国养老[M].北京:中国社会出版社,2010.

[98] 张立球.国家·财政·经济:中西财政理论比较研究[M].北京:中国税务出版社,2004.

[99] 张效敏.马克思的国家理论[M].上海:上海三联书店,2013.

[100] 张馨.当代财政与财政学主流[M].大连:东北财经大学出版社,2000.

[101] 张宇燕，何帆．由财政压力引起的制度变迁［M］．北京：中国财政经济出版，1998．

[102] 章嘉琳．变化中的美国经济［M］．上海：学林出版社，1987．

[103] 赵春新．社会主义财政学［M］．武汉：武汉大学出版社，1989．

[104] 中国人民大学政治经济学教研室，等．马克思恩格斯列宁斯大林有关财政贸易的理论［M］．北京：科学出版社，1962．

[105] 中央财政金融学院财经研究所．马克思恩格斯列宁斯大林毛泽东关于财政与财务的论述［M］．大连：东北财经大学出版社，1988．

[106] 资本主义国家财政编写组．资本主义国家财政［M］．北京：中国财政经济出版社，1985．

[107] 北京师范大学政治经济学系美国经济研究室编．美国经济问题参考资料选编［M］．北京：北京师范大学出版社，1981．

[108] 费尔德斯坦．转变中的美国经济［M］．北京：商务印书馆，1990．

（二）期刊

[1] 常向东．纳税人与负税人比较研究［J］．财政与税务，2000（6）．

[2] 邓子基．建立稳固，平衡，强大的国家财政与构建公共财政的基本框架［J］．财贸经济，2002（1）．

[3] 樊鹏．西方国家高赤字发展模式是社会福利惹的祸吗：基

于财政和税收的视角 [J]. 政治学研究, 2012 (2).

[4] 哈贝马斯. 何为今日之危机 [J]. 哲学译丛, 1981 (5).

[5] 贾利军. 西方左翼学者视野中的国际金融危机 [J]. 高校理论战线, 2012 (12).

[6] 秦嗣毅. 战后美国财政政策演变研究 [J]. 学习与探索, 2003 (2).

[7] 王桂娟. 美国财政制度与政策变迁的简要回顾 [J]. 经济研究参考, 2009 (40).

[8] 维登鲍姆. 武器和美国经济 [J]. 美国经济评论, 1968 (5).

[9] 许兴亚. 马克思经济学著作的"六册计划"与《资本论》[J]. 中国社会科学, 1997 (3).

[10] 克罗蒂, 齐昊. 财政紧缩: 赤字危机的根源: 谁应为此埋单 [J]. 经济社会体制比较, 2011 (5).

[11] 张国昀. 马克思主义经济学视域中的资本主义国家本质研究 [J]. 经济经纬, 2010 (6).

[12] 张国昀. 西方马克思主义国家理论研究现状与评析 [J]. 天水师范学院学报, 2012 (1).

(三) 论文

[1] 宋丙涛. 财政制度变迁与现代经济发展 [D]. 郑州: 河南大学, 2007.

[2] 章伟. 权力、预算与民主: 美国预算史中的权力结构变迁 [D]. 上海: 复旦大学, 2005.

二、英文部分

（一）著作

[1] ANTHONY S. Campagna, U. S. national economic policy, 1917—1985 [M]. New York: Praeger Publishers, 1987.

[2] ARTHUR F. BURNS AND PAUL A. Samuelson. Full Employment, Guideposts and Economic Stability, American Enterprise Institute for Public Policy Research [M]. Washington D. C. : American Enterprise Institute, 1967.

[3] JESSOP B. The Future of Capitalist State [M]. Cambridge: Polity Press, 2002.

[4] JESSOP N. State Theory: Putting the Capitalist State in its Place [M]. Cambridge: Polity Press, 1990.

[5] HABERMAS J. Legitimation Crisis [M]. Boston: Beacon Press, 1975.

[6] O'CONNOR J. Fiscal Crisis of the State [M]. New York: Martin's Press Inc. , 1973.

[7] PIVEN F F, Cloward R A. Regulating the poor: The functions of public welfare [M]. New York: Vintage, 1971.

[8] OFFE C. Contradictions of the Welfare State [M]. Hutchinson & Co. (Publishers) Ltd, 1984.

[9] JOSEPH A. Pechman. The Rich, the Poor, and the taxes they pay [M]. Brighton: Harvester Press, 1986.

[10] STEIN H . The fiscal revolution in America: policy in pursuit

of reality ［M］. Washington D C.： AEI Press， 1996.

[11] BRENNER N ， JESSOP B ， JONES M， et al. State/space：a reader ［M］. Oxford：Blackwell， 2003.

（二）期刊

[1] Miliband R. The capitalist state： reply to Nicos Poulantzas [J]. New Left Review， 1970 （1）.

[2] Poulantzas N. The capitalist state： a reply to Miliband and Laclau ［J］. New Left Review， 1976 （95）.

[3] Jessop R D . Recent Theories of the Capitalist State ［J］. Cambridge Journal of Economics， 1977， 1 （4） .

后 记

　　本书是在博士论文基础上修改而成的。我博士毕业至今已有九年，记得刚完成初稿的时候，心中既是喜悦又是惶恐。2014年5月底，毕业答辩如期举行，来自北京师范大学的白暴力教授、中国社会科学院经济研究所的胡乐明教授、中国人民大学的张宇教授和谢富胜教授等都对论文提出许多非常宝贵的意见。答辩结束后，进行了一番补漏纠谬的工作。本来打算一鼓作气修改出版博士论文，不想成为高校青年教师后，工作繁忙。工作以来，承担多门新课。因不喜欢敷衍，每门课程都全力以赴，即便重复也要不断更新案例修改课件，占用了不少时间。当然，备课也是一种充电方式，积累了读书心得，于是博士论文的修改只能断断续续进行。直到2022年，本书有幸得到光明日报出版社光明社科文库的支持，最终成稿和出版。

　　在本书出版之际，其中的艰辛与挫折、失败与收获、体悟与感恩如潮水般涌来。在重读原来博士论文的后记时，以往的情谊历历在目，剩下该说的话不再另作，记录如下：

　　时光荏苒，岁月如梭。在当今国际和社会形势如此复杂多元的情况下，我深感幸运的是选择了政治经济学专业。因为它的背后沉淀了这样一些人，他们几乎将一生都奉献给了人类发展及其命运的伟大事业，这让我们后来人对生命也多了一份沉重的思考、责任和担当。而我个人的成长尤其离不开众多老师的指导和支持，以及亲人、同学、朋友的鼓励。

首先我要感谢的是导师邱海平教授。导师渊博的知识，严谨、精益求精的治学态度，诲人不倦的高尚师德，朴实、平易近人的人格魅力深深地影响了我。导师对我在学术方面寄予了厚望，并且提出了完善知识结构等要求，希望我可以成为一个丰满的、有常识、懂生活的人。但事实上，我所做的和导师所期望的还有很大的距离，为此，心中总是充满愧疚，唯有以后更加努力来弥补这些遗憾了。博士论文从选题到完成，倾注了导师大量的心血。尤其是选题的新意以及学术价值进一步让我们认识到导师的学术涵养，他立足于学术前沿，结合现实，敏锐地洞察到了这个题目的研究价值。在此，谨向导师表示崇高的敬意！

在求学路上，我还得到其他老师的悉心指导和帮助。感谢硕士生导师王玉玲教授、杨思远教授在论文框架、资料收集、技术处理等方面提出的中肯意见，他们对我的关爱我将永藏心底。同时要感谢与我进行观点交流、碰撞的同门和同班同学，有了与他们的交流，本书又多了更多的"火花"。

最后，我要感谢的是一路以来陪伴支持我的父母，是他们的坚持让我能够走上读书求知、求真理的道路，我对他们的感激是永远说不尽道不完的。在未来的日子里，我会更加努力地学习和工作，不辜负曾经给予我批评、帮助、支持的所有人！